理趣經

まえがき

『般若理趣経』、通称『理趣経』は、不空訳『大楽金剛不空真実三麼耶経《だいらくこんごうふくうしんじつさんまやきょう》』一巻が詳名である。サンスクリット原本（一部分は中央アジア地方のコータン語を交える)、漢訳、チベット訳、合わせて十種が伝えられる。

今日、わが国では真言宗の常用経典であるが、また天台宗、法相《ほっそう》宗などでも読誦される。本来は般若系の経典であり、しかも密教経典として特異な内容をもつ。すでに、『枕草子』などの王朝文学で『理趣経』の通称が用いられていた。

古来、『理趣経』がポピュラーな密教経典として普及したのには、それなりの理由が考えられよう。

般若経典は一切を否定し去る空の哲学理論で貫かれているのに対し、『理趣経』は密教の立場から積極的に価値の実現をはかるところの絶対肯定の論理を展開している。

釈尊仏教以来、一般に仏教では——世界における他の普遍宗教にも顕著に認められるけれど——禁欲主義的傾向が極めてつよい。人間の持つ限りなくさまざまな欲望を煩悩として、これをいかにして断滅させるかが、さとりへの道の実践課題である。したがって出家修行者は世俗的な一切を退け、人間的欲望を断ち切らなければならない。それゆえにこそ、世間に対する出世間の道が開かれるのである。

しかし、人間的欲望をすべて断ち切ることができるのであろうか。われわれが生きるということは、実は人間的欲望と同根なのである。あたかも泥中から白浄《びゃくじょう》の蓮花が咲き出るように、限りなく深い煩悩の汚れのなかからこそよなく美しい人間性が花開く。人間生命の本来のすがたは煩悩と不即不離の関係にあるからである。しかるに、人間的欲望の開放だけを目途として、それがために本来の人間性を喪失するか、もしくは人間性を開放するために欲望を自制すべく英知をはたらかせるか。

欲望否定の論理を媒介とする本来的な人間性の復活は、結果的には欲望の抑止的肯定を意味する。般若の空智による人間的欲望の否定を透過せずに、人間的欲望の無媒介的な肯定であれば、単純な欲望充足と何ら異なることがないにちがいない。

不空訳本は、全体の構成のうち、本論が十七段階（十七段）より成る。第一段は大楽の教えを説き、第二段以下第十七段までは大楽の実践を開示する。大楽のサンスクリット語はマハースカ（mahāsukha）で、文字どおり偉大なる快楽である。古来、大楽の法門《おしえ》を説く経典だとされるゆえんである。マハースカは初段の秘密の言葉によれば適悦である。適悦のサンスクリット語はスラタ(surata)で、大きな喜び、すなわち性の愉悦である。それは究極のさとりの境地を人間の心情に託して表現したものである。と同時に、それを人間生命の本源的なすがたとしてみた場合、大楽は清らかな菩薩の境位であると、大胆に説き放っている。

思うに、これは単純なる性の肯定ではなく、人間生命に対する偉大な讃歌であるといわなければならない。

システィマティックに構想された『理趣経』のさとりの世界の解明はわれわれ現代人にとって難解ではあるが、逆限定の論理とみるならば極めて明快である。というのは人間存在の事実に対して仏の世界から問われているからである。実際、初段のなかの十七段は本経十七段と符合し、恋愛のプロセスを分析することによって、人間の根源的英知の秘密に踏み込んでいる。

だから、『理趣経』は、読むほどに不思議な経典だというほかない。大乗経典はもとより、密教経典としても類をみないものであるのは、煩悩にまみれたわれわれ衆生のすがたがそこにそのまま露呈されているからである。

理趣経曼荼羅というものがある。これは本経の掉尾である五秘密段を絵画で表現したものである。金剛界九会《くえ》曼荼羅の理趣会が、それである。中尊の金剛薩埵《さった》。それはわれわれ人間の永遠の理想像ともいうべき存在である。薩埵を囲み、欲・触・愛・慢の四金剛菩薩と同じく四金剛女が配されている。異性が相互に欲し、触れあい、愛の極致に到達し、満ち足りて安らかな境地を迎えるという、これこそ宗教的人格体でしか表現し得ないところのさとりの秘密ともいうべきものである。

本経は中央アジア、シルクロードの要地コータン（于闐国）で、かつて信仰され、人びとの注目するところであった。サンスクリットの残簡によれば嘆徳文の部分はコータン語で書かれていた。エルンスト・ロイマン博士はコータン語を北方アーリヤ語と命名した。まさにサンスクリットが中央アジアの公用語であった時代の片鱗をこの経典は伝えているのである。

このようなインド伝来のサンスクリット原典がソ連のレニングラード東方学研究所とケンブリッジ大学とに二分されて現存しているのも奇しき因縁といわなければならない。

本経は、かつて栂尾祥雲《とがのおしょううん》博士の大著『理趣経の研究』（『栂尾全集』所収）で、世に知られた。このたび、大正大学福田亮成《りょうせい》助教授の労作『理趣経の研究　その成立と展開』が出版されて、斯経の研究は著しく進展するに至った。

従来、般若経典をもふくめた空の哲学を解明した著作、論文は数少なしとしないが、空の哲学の極まるところまで追究し得ない憾みがある。思うに、十三世紀の密教家アドヴァヤヴァジュラ（Advayavajra）が大乗仏教を般若波羅蜜多理趣（顕教）と真言理趣（密教）とに分類したように、本来、般若思想は大乗仏教の基調をなす流れであって、それをふまえて密教の実践体系が構築されていることは、まごうかたなきインド仏教史の事実である。この視点からすれば、本経が般若の空の智慧を密教的に開展させたものとして、それじたい大乗仏教の軌跡を示しているといえよう。この経典をあえて人間生命の讃歌とするゆえんを、本書は十分に開示し得たものと確信する。

一九九〇年四月吉祥日

宮坂宥勝

理趣経目次

まえがき……1
解題……11
本文解説……55
一 序分……57
二 正宗分……85
第一 金剛薩埵の章……86
1 本説（十七清浄句法）……86
2 利益（滅罪と生善）……104
3 再説……111
第二 毘盧遮那の章……115
1 四出生法とその曼荼羅……115
2 利益……124

3 再　説……125
第三　降三世の章……129
1 四無戯論の法とその曼荼羅……129
2 利　益……135
3 再　説……137
第四　観自在菩薩の章……140
1 四清浄法とその曼荼羅……140
2 利　益……145
3 再　説……146
第五　虚空蔵菩薩の章……149
1 四種施法とその曼荼羅……149
2 再　説……154
第六　金剛拳菩薩の章……156
1 四種印法とその曼荼羅……156
2 利　益……161

3 再説……163
第七 文殊師利菩薩の章……165
1 四種解脱法とその曼荼羅……165
2 再説……170
第八 纔発心転法輪菩薩の章……173
1 四種輪法とその曼荼羅……173
2 再説……177
第九 虚空庫菩薩の章……179
1 四種供養法とその曼荼羅……179
2 再説……184
第十 摧一切魔菩薩の章……186
1 四種忿怒法とその曼荼羅……186
2 再説……191
第十一 降三世教令輪の章……194
1 四種性法とその曼荼羅……194

2 再説……199
第十二 外金剛部会の章……201
1 四種蔵法とその曼荼羅……201
2 再説……206
第十三 七母女天の章……208
第十四 三兄弟の章……213
第十五 四姉妹女天の章……217
第十六 四波羅蜜部中大曼荼羅の章……221
1 五部具会法とその曼荼羅……221
2 利益……226
第十七 五種秘密三摩地の章……228
1 五種秘密三摩地法とその曼荼羅……228
2 百字の偈……232
3 利益……238

三　流　通　分……241

余録　理趣経の諸問題……245

一　『理趣経』の諸文献……247

二　「理趣般若」の密教化……267

三　空海の『理趣経』理解への注意……273

あとがき……288

索　引……292

題字　谷村憙齋

解題

『理趣経』の梵本は、かつて中央アジアのカシュガルでその地のロシア総領事M・ペトロフスキーが一五葉を蒐集し、イギリスのインド学者R・ヘルンレが蒐集した二葉の断片を接合したものである。サンスクリット語で書かれているが、その第一―四、六、一六、一七段の得益分《とくやくぶん》と流通分《るずうぶん》に相当する部分は、中央アジア方言のコータン語（ドイツのインド学者E・ロイマンは北方アーリヤ語と名づける）で書いてある。これがわが国の真言宗などで日常読誦《どくじゅ》している『理趣経』に対応する梵本であることを発見したのは、ドイツに留学し、ロイマンに師事していたわが国の渡辺海旭《かいきょく》であり、ロイマンが原典を出版した（E. Leumann, Zur Nordarischen Sprache und Literatur, S, 84-99, 1912）。この原典は『百五十頌の般若波羅蜜多』（Adhyardhaśatikā Prajñāpāramitā）といっている。

コータン文についての研究などは、ロイマンに師事した渡辺照宏先生の『インド学仏教学論集』（筑摩書房刊）所収。

梵本についてのいくつかの研究成果、その後の校訂出版本などについては山田龍城著『梵語仏典の諸文献』八九頁参照。

漢訳は、次の六種がある。

㈠『大般若波羅蜜多理趣分』一巻、唐玄奘《げんじょう》訳・六六〇―六六三年。大正七・九八六a―九九一b。

いわゆる『大般若経』六〇〇巻の第十会第五七八巻の「般若理趣分」で、「百五十頌般若」(Adhyardhaśatikā)といい、『金剛頂経』十八会のうちの第六会「般若理趣会」の要旨を説いたものとされる。

㈡『実相般若波羅蜜経』一巻、菩提流支訳・六九三年。大正八・七七六a―七七八b。

通称『実相般若経』。

㈢『金剛頂瑜伽理趣般若経』一巻、唐金剛智訳・七四一年。大正八・七七八b―七八一c。

これは『理趣般若経』と略称する。おそらく金剛智に仮託された経典であろう。

㈣『大楽金剛不空真実三麼耶経、般若波羅蜜多理趣品』一巻、唐不空訳・七六三―七七一年。大正八・七八四a―七八六b。

略称は『般若理趣経』また『理趣経』。この不空訳本は、空海が主として依用したものであり、真言宗ではもっとも重要な経典として、今日に至るまで日夕読誦している。

㈤『仏説遍照般若波羅蜜経』一巻、宋施護訳・九八〇年—。大正八・七八一c—七八四a。

㈥『仏説最上根本大楽金剛不空三昧大教王経』七巻、宋法賢《ほっけん》訳・九八五—一〇〇〇年。大正八・七八六b—八二四a。

これは『七巻理趣経』と通称されるところの、いわゆる広経である。理趣経曼荼羅を説くも、実作は存しない。

漢訳系の『理趣経』の注解書は、まず唐不空訳『大楽金剛不空真実三昧耶経般若波羅蜜多理趣釈』一巻（大正一九・六〇七a—六一七b、略称『理趣釈』『般若理趣釈』『理趣釈経』なども。七六三—七七一年）があり、不空本を注解している。空海がわが国に請来した。

次に、同じく不空訳『般若波羅蜜多理趣経　大楽不空三昧真実金剛薩埵等一十七　聖大曼荼羅義述』（大正一九・六一七b—六一八b、略称『十七尊義述』）がある。

次に、四種のチベット語訳がある。原典はいうまでもなく、梵本であるが、このほうは回収されていない。

㈠Dpal mchog daṅ po shes bya ba theg pa chen poḥi stog paḥi rgyal po.（東北目録

No.487）
サンスクリット原題は Śrī-paramādya-nāma-mahāyāna-kalparāja（吉祥なる最勝本初と名づける大乗儀軌王）という。前掲『七巻理趣経』のうちの第一―第一三分に相当し、「広経」曼荼羅を詳説する。
チベット語訳は、シュラッダーカラヴァルマン（Śraddhākaravarman）とチベット人学匠リンチェンサンポ（Rin chen bzaṅ po）との共訳。

㈡Dpal mchog daṅ poḥi sṅags kyi rtog paḥi dum bu shes bya ba.（東北目録 No.488）
サンスクリット原題は Śrī-paramādyamantrakalpa-khaṇḍa-nāma（吉祥なる最勝本初真実儀軌分と名づける〔経〕）といい、『七巻理趣経』の第一四～第一五分に相当する。チベット訳は、マントラカラシャ（Mantrakalaśa）とチベット人学匠ハツェンポ（Lha btsan po.）との共訳。なお、チベット訳本は㈠㈡を一括してひとつの経典として取り扱っている。

㈢Dpal rdo rje sñiṅ po rgyan shes bya baḥi rgyud kyi rgyal po chen po.（東北目録No.490）
サンスクリット原題は Śrī-vajramaṇḍalālaṃkāra-nāma-mahātantrarāja（吉祥なる金剛道場荘厳と名づける大タントラ王）とあり、宋の施護訳『金剛場荘厳般若波羅蜜多教中一分』一巻（大正一八・五一一b—五一四b）は、チベット語訳の巻尾の一部分に相当する。チベット語訳者はスガタシュリー（Sugataśrī）とチベット人学匠のサキャパンディタ（Sa skya paṇḍita）と同じくロートゥテンパ（Blo gros brtan pa）とである。

㈣Ḥphags pa śes rab kyi pha rol tu phyin paḥi tshul brgya lṅa bcu pa（東北目録No.489）

サンスクリット原題は、Ārya-prajñāpāramitānaya-śatapañcaśatikā（聖なる般若波羅蜜多理趣百五十）。

さきの不空本と類本であるが、『般若理趣分』（詳名『大般若波羅蜜多経第十会般若理趣分』）が参照される。チベット訳者不詳。

チベットに伝訳された主なる梵本注解書は、次のものがある。

㈠Dpal rdo rje sñiṅ poḥi rgyan gyi rgyud chen poḥi dkaḥ ḥgrel.（東北目録No.2515）

サンスクリット原題は、Śrīvajramaṇḍalālaṃkāra-mahātantra-pañjikā（吉祥なる金剛場荘厳大マントラ難語注）。さきのチベット訳㈢に対するプラシャーンティミトラ（Praśāntimitra）の注解で、広経第一—第三までに相当する。チベット語訳者はリンチェントゥプ（Rin chen grub）。

㈡Dpal mchog daṅ poḥi ḥgrel pa.（東北目録No.2511）

サンスクリット原題は、Śrīparamādivivaraṇa（吉祥なる最上本初注解）。アーナンダガルバ（Ānandagarbha, チベット名 Kun dgaḥ sñiṅ po）の「略称」と呼ぶもの。チベット訳者はパドマーカラヴァルマン（Padmākaravarman）とチベット人学匠リンチェンサンポの共訳。

㈢Dpal mchog daṅ poḥi rgya cher bśad pa.（東北目録No.2512）

サンスクリット原題は、Śrīparamādiṭīkā（吉祥なる最上本初注）。同じくアーナンダガルバの「広釈」といわれるもので、チベット訳で三帙に及ぶ大部な注解書である。チベット語訳はシュラッダーカラヴァルマンとカマラグプタ（Kamalagupta）、チベット人学匠リンチェンサンポの共訳。

㈣Ḥphags pa śes rab kyi pha rol tu phyin pa tshul brgya lṅa bcu paḥi ḥgrel pa.（東北目録No.2647）

サンスクリット原題は、Ārya-prajñāpāramitānaya-śatapañcāśatikāṭīkā（聖なる般若波羅蜜多理趣百五十注解）。

前掲㈣『般若理趣百五十』に対するジュニャーナミトラ（Jñānamitra）の注。チベット語訳の訳者は不詳。

このほか、チベットにおける注解書類については、福田亮成『理趣経の研究―その成立と展開』一四―一六頁、二二七―三〇六頁参照。

『理趣経』の原初形態は玄奘訳にみられるような般若経典の一種であった。しかるに菩提《ぼだい》流支《るし》訳の『実相般若経』のように、密教的な解釈が施され、次第にほぼ前掲諸経典のような順序で発展した。この間に儀軌が加えられ、『金剛頂経』系の密教経典として確立されたものとみられている。*

*なお、『理趣経』の成立過程については、栂尾祥雲《とがのおしょううん》『曼荼羅の研究』三五―三八頁、松長有慶『密教の歴史』七七―七八頁、福田亮成、前掲書二一―八〇頁参照。

わが国に伝えられた理趣経曼荼羅については空海が『十七尊義述』にもとづいて十七尊曼荼羅を建立したことが知られる（『性霊集』巻第七、為故藤中納言奉造十七尊像願文）。また円仁は唐から理趣経曼荼羅を請来した。ついで宗叡《しゅうえい》が請来した曼荼羅がその後、転写伝承されたので、宗叡系の理趣経曼荼羅が流布するに至ったのである。

理趣経の内容を概説する場合、普通、わが国で常用経典として用いている不空本を中心にのべてみることにしたい。

前述のように、不空本の経題は、『大楽金剛不空真実三麼耶経』とある。他の諸本でも一般に般若波羅蜜多理趣とあり、まず、本経が般若経典の密教的展開を示していることに注目したい。般若波羅蜜多はさとりの智慧の完成を意味する。あるいは完成されたさとりの智慧といってもよいであろう。智慧の完成はまさしく空の智慧の実現である。しかし、空の絶対否定を通して異次元的立場から現実的全肯定の露堂々の風光が展開するとするのである。中国仏教的表現をかりるならば、「真空妙有《みょうう》」の世界である。だがまた注意しなければならないのは、真空がとりもなおさず妙有に転換するのは無媒介であっては、否定の究極の単純肯定にすぎない、ということである。しかも、妙有的な世界はさらに秘密のさとりともいうべきものとして、極めてアクティブに表現されている。すなわち本経の特色は、大日如来と金剛薩埵とを主要な尊格とする点にある。金剛薩埵は大日如来の修行階梯(因位)に位置する菩薩であると同時に、われわれ衆生の理想像である。そこで、経題前半の大楽金剛不空真実三麼耶というのは金剛薩埵を予想する(『広経』の説)。したがって本経は金剛薩埵の教えを説いた経典を意味する。大楽金剛不空真実三麼耶とは、金剛のように堅固不壊＝永遠にして空虚ならず真実なる大いなる楽を与えることを本誓とする金剛薩埵のことである。

本経が説く究極のさとりを大楽というのは、もとより性的な快楽をもって比喩としたものであるが、一種の象徴表現をもって宗教体験の極致を云い表わしたものにほかならない。

また、われわれ衆生みずからの本性は純粋に清らかであって、貪・瞋・痴・一切法《あらゆるもの》のいかなるものにも染まることがないというのを四種不染といっている。これはもとより本性論的立場からの見方であって現実は染着そのものであることはいうまでもない。

十七段の各段ごとに曼荼羅の建立が説かれているのもまったく宗教的体験の造型化のためであって、ここに密教の密教たるゆえんが認められる。

空海の『真実経文句』によれば、本経は経の初めから「純一円満清浄潔白」までが序分（序論）、「説一切清浄句門」以下が正宗分（本論）、「一切如来及菩薩」以下四句が流通分《るずう》（結び）となっていて、経典の典型的な構成を示している。

不空本は十七段よりなる。第一段は大楽不空初集会品。第二段は毘盧遮那理趣会品。第三段は降三世品。第四段は観自在菩薩理趣会品。第五段は虚空蔵品。第六段は金剛拳理趣品。第七段は文殊師利理趣品。第八段は纔発意菩薩理趣品。第九段は虚空庫菩薩理趣品。第十段は摧一切魔菩薩理趣品。第十一段は降三世教令輪品。第十二段は外金剛会品。第十三段は七母女天集会品。第十四段は三兄弟集会品。第十五段は四姉妹集会品。第十六段は四波羅蜜部大曼荼羅品。第十七段は五種秘密三摩地品（以上、不空訳『理趣釈』の科段による）。

本経の特色は、大日如来と金剛薩埵とを主要な尊格とする点にある。大日如来が真理の教えを説く場所（会座《えざ》）に、金剛手・観自在・虚空蔵・金剛拳・文殊師利・纔発心転法輪・虚空庫・摧一切魔の八大菩薩が集会し、これらの菩薩がそれぞれ大日如来の顕現として各段の教主になっている。十七段のうちで最も重要なのは、第一段と第十七段とである。

初　段

『理趣釈』では「大楽不空初集会品」、栂尾祥雲《とがのおしょううん》博士の『理趣経の研究』では「大楽の法門」とある。

金剛手すなわち五鈷《ごこ》金剛杵《こんごうしょ》を手にする金剛薩埵が教主で、大日如来が金剛薩埵の瞑想の世界に住して教えを説く。すなわち大楽の境地——一切法の清浄句門——を直接体験すると同時に、一切のものにこの大楽の境地を与えようとする金剛薩埵の世界を示す。この大楽の教えが金剛薩埵の本誓であることは当初、経題に「大楽金剛不空真実三麽耶」とあるとおりである（前述）。

金剛薩埵がこの大楽の教えそのものを象徴した存在であることは、四明妃に囲まれた曼荼羅によって表現されている。そして大楽金剛——永遠なる大いなる安楽の境地は、十七清浄句で明らかにされる。これは男女の恋愛関係の過程をきわめて卒直かつ大胆に一七段階に分析したものであって、「いはゆる妙適（surata 性的結合）清浄の句、是れ菩薩の位なり」とあるように、すべてが清らかであると高唱している。が、これはもとよりさとりへの道を比喩的に説いたものである。これを文字どおりに具体的に実践したのが、真言宗の異端と目される立川流であった。

また、十六大菩薩生は金剛薩埵の功徳生で、金剛薩埵はこれらの諸尊の功徳を一身に具現しているとみられる。

次に、大日如来が金剛薩埵の相に住し、大楽の教えをフーム（hūṃ）の種子真言で表現されることをのべる。すなわち『理趣釈』によれば、フームをハ（ha, hetavaḥ*――因業――の頭文字）、ア（a, anutpāda 本不生）、ウー（ū, ūna 損減の頭文字）、マ（ma, mamakāra 増益の頭文字）に分解し、一切有為の因業――因縁生――を離れ、損減・増益などの戯論《けろん》を離れた本不生の実相に住するのが大楽の境地であるとする。それは三密（身密・口密・意密）の実践行にほかならない。

この大楽の世界を表現したのが、十七尊曼荼羅の建立である。

*因を意味する hetu の複数・主格。栂尾『理趣経の研究』では、すべて hetvāḥ とする。この語形のサンスクリットはないから誤りである。

第二段

『理趣釈』によると『毘盧遮那理趣会品』であり、前掲書では「証悟の法門」である。金剛如来拳印を結んだ大日如来みずからが教主として、真実のさとりとはいかなるものかをさとりを求めるものに対して、さとりの四つの側面である金剛平等・義平等・法平等・業平等を開示する。この四種平等には四智が配される。すなわち金剛平等には阿閦《あしゆく》如来の大円鏡智、義平等には宝生如来の平等性智、法平等には無量寿如来の妙観察智《みようかんざつち》、業(＝一切法)平等には不空成就如来の成所作智を当てる。

前段の大楽の教えは見られるものとすれば本段の証悟は見るものである。証悟の世界はアーフ(āḥ)の種子真言で象徴され、『理趣釈』によれば、これを語分解して、それぞれに次の意味があると説いている。

アーフ(āḥ)

ア	(a)	菩提心	金剛平等	常	金剛部
アー	(ā)	修行	義平等	楽	宝部
アム	(aṃ)	菩提	法平等	我	法部
アフ	(aḥ)	涅槃	業平等	浄	羯磨部

この段の理趣を表現したのが、大日如来の曼荼羅である。

第三段

『理趣釈』では「降三世品」、前掲書では「降伏の法門」である。本段以下第十段までは大日如来の会座《えざ》に集会《しゆうえ》した八大菩薩がそれぞれの段の教主となり、いずれも大日如来の自内証すなわち自らの内なるさとりの境地を伝達する。そこで、まず本段では釈迦牟尼如来が降三世明王の姿をとって、貪・瞋・痴およびそれらの三毒煩悩をもつ剛強難化の衆生、その代表は大自在天（Maheśvara）、を降伏する。降三世明王の心真言はフーム（hūṃ）で忿怒降伏を表わす。降三世を金剛吽迦羅（金剛の吽をなす者 Vajrahūṃkara）と称するゆえんである。

この段の理趣を表現したのが、降三世の曼荼羅である。

第四段

『理趣釈』では「観自在菩薩理趣会品」、前掲書では「観照の法門」である。

本段の教主は観自在菩薩であって、三毒煩悩を降伏する結果、一切諸法の本性を般若の智慧でありのままに観照するとともに、いかなる染汚にも汚されず、むしろそのなかにあってそれらをもとにさまざまな妙用を示現することを説く。この境界を『理趣釈』はフリーヒ（hrīḥ 紇唎、惞）の種子真言で象徴し、さらにこれを次のように語分解する。

フリーヒ(hrīḥ)
- ハ（ha は hetavaḥ の頭文字）——因不可得
- ラ（ra は rajas の頭文字）——垢不可得
- イー（ī は īśvara の頭文字）——自在不可得
- アフ（aḥ は astaṅgama の頭文字）——遠離不可得

本段の理趣を表わすのが観自在菩薩の曼荼羅である。

第五段

『理趣釈』では「虚空蔵品」、前掲書では「富の法門」である。教主は虚空蔵菩薩。虚空蔵とは文字どおり虚空をもって蔵とすることで、無限大の価値の存在を象徴する。密教ではこの菩薩は宝生如来の変現であるとする。

なお、『理趣釈』では、この菩薩の異名を一切如来灌頂智蔵という。すなわち一切如来の灌頂によって生ずる智慧のはたらきが明らかにされる。

自他一切の存在を知ることのできる観照の法門によって無我より大我の世界にすすみ、あらゆるものに無限の価値を発見し、これを開発するというのが、そのはたらきである。

価値の発見展開は布施であるとして四種布施が説かれる。

- 布施
  - 内施
    - 灌頂施——一切如来を対象とする（『理趣釈』）——金剛宝菩薩（本経）
    - 法施——天龍八部衆——金剛光菩薩
  - 外施
    - 財施（義利施）——沙門婆羅門——金剛幢菩薩
    - 飯食施（資生施）——傍生（畜生）類——金剛笑菩薩

宇宙の無尽の宝財・価値の施与、平等分配を原則とするのが、ここでいう布施の精神である。その種子真言はトラーム（怛囕 trāṃ）で、これを語分解して、次のように四種布施に配当する。

トラーム(trāṃ)	タ	（多 ta）	灌頂施	四種布施
	ラ	（羅 ra）	義利施	
	アー	（阿引ā）	法　施	
	マ	（莽 ma）	資生施	

タは真如（如々）を意味するタタター（tathatā）の頭文字で、宇宙の無限の価値を発見する宝部の智慧を布施することを意味する。ラは塵垢であるラジャス（rajas）の頭文字で、あらゆる汚れを取り除く資糧《かて》として布施すること。アーは虚空のアーカーシャ（ākāśa）の頭文字で、虚空に障害がないように自由無礙の真理の教えを布施すること。さらにマは自我を意味するママカーラ（mamakāra 実際には自己所有をさす）の頭文字で、すべての自我の身体・言葉・心のはたらきを満足させる資糧としての飯食を布施すること。この段は虚空蔵菩薩の曼荼羅として表現される。

第六段

『理趣釈』では「金剛拳理趣品」、前掲書では「実動の法門」である。教主は金剛拳菩薩で、前段の価値の発見よりさらに進んで価値の利用実際化を目ざし、『理趣釈』に、「広瑜伽のなかに説かく、身・口・意の金剛を合成するを拳となす」とあるように、われわれの身体・言語・心のはたらきが相応し合一するさまを示す金剛拳によって実動の法門を象徴する。金剛拳というのは、小・無名・中の三指で大指（親指）を握り、頭指（人差指）をやや屈して剣身のようにする。身体・言語・意がそれぞれ小・無名・中の三指で表現され、これによって大指を握るのは、身体・言語・心のはたらきが統合され、そのことによって、頭指が迷妄を断ち切る智慧のはたらきを示す。これはさらに如来の身体・言語・心の三つの秘密のはたらきをわれわれの身体・言語・心のはたらきにそのまま具現して即身成仏を実現することが含意される。そして、さらにはわれわれの如来と同じわれわれの身体・言語・心の三つの秘密のはたらきが日常生活化されることを示す。

この金剛拳菩薩の種字真言はアフ（噁 aḥ）で、四種涅槃〔（1）自性清浄涅槃、（2）有余依涅槃、（3）無余依涅槃、（4）無住処涅槃〕をこの一字に収めるが、本段ではとくに無住処涅槃を象徴するのが、アフの一字である。

第七段

『理趣釈』では「文殊師利理趣品」、前掲書では「字輪の法門」である。教主は文殊師利菩薩であって、これまでは理論と実践体系との部門を説いたものであるが、本段から第十段までの四つの法門は、実修部門すなわち理趣経における体験世界を説き明かしている。

本段における字輪の意味についてみると、字は文字で、あらゆる執われの思考判断、無益の議論を離れたところの境界を表現したものであって、サンスクリット語の阿字をあらゆる存在しているものに転じて、すべてが阿字輪であると観想する。阿字は、本不生(ādyanutpāda)すなわち根源的な絶対者であることを象徴する。『理趣釈』では、「転字輪とはこれ五字輪の三摩地なり」として、阿(a)・羅(ra)・波(pa)・遮(ca)・那(na)の五字をもって五字輪として、これらはあらゆる文字をおさめ尽くしている、と説く。なお、字輪の輪はサンスクリット語のチャクラ(cakra)で、古代インドにおける車輪型の武器で、敵陣を破摧するのに喩えて、さとりの障害となるあらゆるものを打ちくだくはたらきを意味する。

阿(a)または暗(aṃ)の心真言をもって、この字輪の法門を示す。

この段は文殊師利菩薩の曼荼羅として表現される。これは八大菩薩のうち、東方金剛手、南方虚空蔵、西方観自在、北方金剛拳の四大菩薩、四隅には文殊師利、纔発意、虚空庫、摧一切魔の四菩薩が配される。

なお、『理趣釈』によれば、四方四菩薩のみずからの内なるさとりとして、それぞれ、空・無相・無願・自性明亮を当てる。

第八段

『理趣釈』では「纔発意菩薩理趣会品」、前掲書では「入大輪の法門」である。大日如来が無戯論如来のすがたをとって、この法門を説く。そして字輪の世界に引き入れるための教主は纔発意菩薩である。一切万有の一つひとつの個別的存在がすべて阿字であると観想することによって、あらゆるものを阿字として対象化すれば、阿字の大輪に入ることができるというのである。この大輪は「全一としての絶対体の境地」(栂尾)を表現しているのであって、性輪、広大転輪などとも称する。これによって、宇宙万有の個別的な存在がそれぞれ絶対的であり、かつ本来、平等性であることを観想する。平等は差別に即したもののすなわち相対的な意味のものではなく、個の存在に即しての絶対平等である。類本では金剛平等性、義平等性、法平等性、一切法平等性の四種平等性を説く。

『理趣釈』では、初会『金剛頂経』における金剛界品・降三世品・徧調伏品・一切義成就品に説く曼荼羅に配して解する。

アーナンダガルバ（Ānandagarbha）注のチベット訳によれば、これを金剛部・宝部・蓮華部・羯磨部の四種の曼荼羅と照応させてこれを解説しているが、意味するところは同じである。

種子真言のラーム（囕 rāṃ）またはラム（嚂 rāṃ）は塵垢を意味するラジャス（rajas）の頭文字のラ（ra）を取ったもの。一般にはフーム（吽 hūṃ）であるが、これは纔発心転法輪菩薩の真言「オーム・ヴァジュラチャクラ・フーム」（oṃ vajracakra hūṃ）の最後の種子であって、これは宇宙万有の存在を介して絶対の境地である大輪（＝金剛輪）に摂入する意味がある。

この段は、纔発心転法輪菩薩の曼荼羅で表現される。

第九段

『理趣釈』では「虚空庫菩薩理趣品」、前掲書では「供養の法門」である。教主は虚空庫菩薩。供養はサンスクリット語のプージャー（pūjā）で、本来、「敬まうこと」を意味する。具体的には他者への施与すなわち布施行として実行される。この段もまた「行供養」の実践で、あらゆる存在するものの絶対性を入大輪の法門で認めたうえで、それらに施与し、すべての人びとのためにわが身を尽くすという実践活動である。何をどのように施与するかというと、次の四大供養行が説かれる。

㈠菩提心を発起する。

㈡一切の生きとし生けるものを救済する。

㈢正法を受持する。

㈣十法行（(1) 大乗の経法を奉持し、(2) 供養し、(3) 他人に恵施し、(4) 他の説法を聴聞し、(5) 自ら熟読し、(6) 領受し、(7) 諷誦し、(8) 他人のために広く説き、(9) 一人でよく考え、(10) 修習すること）を実修する。

『理趣釈』では、これら四行は嬉《き》・鬘《まん》・歌・舞の四供養菩薩の三摩地を説いたものだとする。虚空庫菩薩がこの供養の法門をオーム（唵 om）の種子真言で示すが、すでにバラモン教においてこの一字は供養の意味があるとされていたものである。

『理趣釈』によれば、このオーム字に法身・報身・応身の三身の意味があるとして、次のように語分解する。

オーム
- ア（阿 a）——本不生
- ウ（烏 u）——無見頂相
- マ（莽 ma）——如来毫相功徳

アは阿字本初不生を意味するアーディ・アヌトパーダ（ādyanutpāda）の頭文字、ウは肉髻《にくけい》を意味するウシュニーシャ（uṣṇīṣa）の頭文字、ムは如来毫相の功徳を象徴する摩尼宝珠の摩尼（maṇi）の頭文字である、と解される。すでに古く『シュヴェーターシュヴァタラ・ウパニシャッド』（Śvetāśvatara-upaniṣad）で、オーム字をア・ウ・ムの三音節に分解し、それぞれがブラフマン（Brahman）・ヴィシュヌ（Viṣṇu）・シヴァ（Śiva）を象徴し、三神体を表わすといっているが、これを仏身に応用したものである。ただし、オームが三身を象徴することと供養の法門を示すオーム字とがどのように関わるかは必ずしも明らかでないが、栂尾博士は、一切如来が供養の対象となることをさすのだと解する。

この段は、虚空庫菩薩の曼荼羅によって表現する。

第十段

『理趣釈』では「摧一切魔菩薩理趣品」、前掲書では、「忿怒の法門」である。教主は摧一切魔菩薩。剛強難化の衆生のためには恭敬供養をもってしては度しがたいのみならず、却って逆効果があるので、忿怒による折伏を説くが、この忿怒は感情的ないかりではなく、慈悲のはたらきそのものにほかならないところの大忿怒のいかりである。この点、顕教的立場――たとえば、玄奘訳『般若理趣分』で「忿怒を調伏する」すなわち忿怒そのものを断除する立場とは全く異なる。

『理趣釈』によれば、大忿怒の相は四部・四種忿怒明王に配される。

大忿怒―
- ①金剛部――降三世明王
- ②宝　部――軍荼利明王
- ③蓮花部――馬　頭　明　王
- ④羯磨部――烏蒭渋摩《うすさま》（ucchuṣma）

降三世の場合、所化の有情の代表は欲界他化自在天の魔王、軍荼利は色界第四禅天の魔《ま》醯首羅《けいしゅら》（maheśvara）、馬頭は梵天、烏蒭渋摩は那羅延天（Nārāyaṇa）である。いずれにせよ、大悲方便として発動する忿怒によってこれらの有情を教化するのである。

摧一切魔菩薩の種子真言は諸本で異なるが、不空訳ではハフ（郝 haḥ）である。ともあれ、この字体は笑声のハ・ハ・ハ（訶訶訶 ha ha ha）に由来し、忿怒の大笑をさす。梵字の𑖮𑖾（haḥ）の涅槃点：は『大日経疏』第十四によれば、大忿怒における無住処涅槃のはたらきを表わす、という。

なお、ハ（ha）は大忿怒の真言である「ヴァジュラクローダ・ハ・ハ」（vajrakrodha ha ha 金剛忿怒。ハ、ハ。）の末尾のハを採ったものと解される。

『理趣釈』ではハフをア（阿 a）とハ（訶 ha）とに分解し、それぞれ人法二無我の涅槃点であると解し、忿怒によって人法二無我の煩悩の因を滅し、涅槃を実現するのが、この菩薩の内証であるとする。すなわちア字を観じて一切法本不生（Ādyanutpāda）の門に入り、さらにハ字で一切の煩悩の因を離れる。ア字は本不生を意味するアーディ・アヌトパーダの頭文字、ハ字は因を意味するヘートゥ（hetu）の頭文字をとったものである。

この段は、摧一切魔菩薩の曼荼羅で示される。

第十一段

『理趣釈』では「降三世教令輪品」、前掲書によると、「普集の法門」である。教主は一切平等建立如来といわれる金剛薩埵。第二段より第十段までの法門をひとまとめにしたのが、本段である。曼荼羅の諸尊としては降三世より摧一切魔に至る八大菩薩の教えを普ねく集めて「四部曼荼羅」としたものである。したがって、この段の大楽金剛薩埵の曼荼羅は、中尊の金剛薩埵を八大菩薩が囲繞している。

その教えの核心は、平等性・義利性・法性・事業性の四つの真理命題で示される。これらは、降伏・字輪をふくむ金剛部、富・供養をふくむ宝部、観照・入大輪をふくむ蓮華部、実動・忿怒をふくむ羯磨部の四部の曼荼羅として表現される。

不空訳本では金剛手菩薩（金剛薩埵）の心真言をフーム（吽 hūṃ）とする。これは「ヴァジュラーモーガ・フーム」（vajrāmogha hūṃ 金剛不空よ、フーム）の真言の最後の種子を採ったもので、これに普集の字義があるとする。

さらに、『理趣釈』によれば、次のように、フームを四字に分解して、四部の曼荼羅に当てはめている。

				（曼荼羅）
フーム（吽 hūṃ）	ア（阿 a）	不 生	平等性	金剛部
	ハ（訶 ha）	因	義利性	宝 部
	ウー（汙 ū）	損 減	法 性	法 部
	マ（摩 ma）	大我（自在）	事業性	羯磨部

ア字は不生を意味するアヌトパーダ（anutpāda）の頭文字、ハ字は因を意味するヘートゥ（hetu）の頭文字、ウ字は損減を意味するウーナ（ūna）の頭字、マ字は大我（自在）を意味するマハートマン（mahātman）の頭文字を採ったものであるから、それぞれにこのような意味があると解されている。

第十二段

『理趣釈』では「外金剛会品」、前掲書では「有情加持の法門」で、教主は大日如来である。不空訳本では、この段は「一切有情を加持する般若理趣」と称する。加持（adhiṣṭhāna）は如来の不可思議なはたらきが有情に加わり、同時に有情はそれを正しく受け取めてわがものとする意味がある。

空海が「衆生本具の曼荼（羅）」（人びとが本来具えている曼荼羅）というように、この段ではこれまでみてきた多くの曼荼羅はすなわち有情の当体がそのまま具有していることを明らかにし、俗諦曼荼羅（第十四段までの真諦曼荼羅に対する）が以下の第十五段まで説かれている。

その教えの核心は、如来蔵・金剛蔵・妙法蔵・羯磨蔵の四つの真理命題で示される。このうち、如来蔵はすでに顕教で説かれ、数多くのいわゆる如来蔵経典が成立しているのは周知のとおりである。密教の立場では如来蔵以下を金剛界曼荼羅の金剛部・宝部・法部・羯磨部の四部に配して、それぞれを金剛薩埵・虚空蔵・観自在・毗首羯磨の内証とする。

本段の目的とするところは、有情の当体にこの内証を実現させることにある。『理趣釈』では、この四種蔵性に大円鏡智・平等性智・妙観察智・成所作智の四智と前掲金剛薩埵以下の四菩薩を配する。

種子真言のトゥリー（怛𡃤 tri, trī）は『理趣釈』によると、真如を意味するタタター（tathatā）の頭文字のタ（怛 ta）と塵垢を意味するラジャス（rajas）にもとづくリ（𡃤 ri, rī）に分解し、塵垢の凡夫が真如の仏体であることを象徴するとみる。本段は有情《うじょう》を代表する自在天の曼荼羅で表現される。

第十三段

『理趣釈』では「七母女天集会品」、前掲書では「諸母天の法門」である。諸母天が前段の法門を聴聞し、帰依のまことを表明してみずからの心真言を説いたものである。『理趣釈』によれば、ビョー（毘欲 bhyo）なる心真言は、次のように語分解される。

ビョー（毘欲 bhyo）—┬—バ（薄 bha）——有
　　　　　　　　　　├—ヤ（耶 ya）——乗
　　　　　　　　　　├—ウー（汙 ū）——損滅
　　　　　　　　　　└—ア（阿 a）——不生

バ字は有《う》（現実生存）を意味するバヴァ（bhava）の頭文字のバであり、三有（tribhava）すなわち欲界・色界・無色界の三界に生存するもののことである。ヤ字は乗物すなわち教えを意味するヤーナ（yāna）の頭文字、ウー字は損滅を意味するウーナ（ūna）の頭文字、ア字は不生を意味するアヌトパーダ（anutpāda）の頭文字を表わす。したがって、ビヨーの一字は三有の有情を鉤召して仏乗を引入し、不善心を損滅し殺害して、本不生の菩提《さとり》を成就せしめることを象徴するとされる。

本段より第十六段までは外金剛部を代表する諸尊が各段に登場するが、かれらはいずれも大日如来に教え導かれた者たちである。この点、ヒンドゥー教ヴィシュヌ派で仏陀をヴィシュヌ神の化身《けしん》とするのと、ちょうど逆反応の関係にあることが知られる。

なお、密教の諸母天はヒンドゥー教の七母天（Saptamātṛkā）に相当し、これはインダス文明の遺跡モヘンジョダロ（Mohenjo-daro）で発見された七母神の印章まで遡ると私考する。

諸母天・七母天の名称は伝承によって若干異なるが、これについては『仏教と神々』(大法輪閣刊)所収の拙論「仏教の女神概観」一五一―一五三頁参照。

本段は、諸母天の曼荼羅として表現される。

第十四段

『理趣釈』では「三兄弟集会品」、前掲書では「三兄弟の法門」である。この段は三兄弟が帰依のまことを表明して心真言のスヴァー(沙嚩 svā)を説いたものである。三兄弟はヒンドゥー教で三神一体(Triūmūrti)として説かれる梵天(Brahman)・大自在天(Maheśvara＝Śiva)・毘紐天(Viṣṇu＝Nārāyaṇa)であって、かれらを兄弟と見做して、それぞれ貪・瞋・癡の三毒煩悩を象徴するものとみる。そして、末度迦羅天(Madhukara)などで呼ぶが、チベット訳『理趣広経』のアーナンダガルバ注では次のように密号を記す。

(密号)
(1)梵　天――マドゥカラ(末度迦羅 Madhukara)
(2)大自在天――ジャヤカラ(Jayakara)
(3)毘紐天――サルヴァールタ・サーダカ(Sarvārtha-sādhaka)

『理趣釈』によれば、スヴァー字のサ（薩 sa）はすなわち一切法平等であって、あたかも虚空の如くである。また、ヴァ（縛 va）は一切法言説不可得であるとする。これにそって解すれば、サ字は一切法を意味するサルヴァダルマ（sarva-dharma）の頭文字、スヴァーのアー（ā）は虚空を意味するアーカーシャ（ākāśa）の頭文字、ヴァは言説のヴァーチ（vāc, √vac）またはヴァチャナ（vacana）などの頭文字であって、一切法平等なるは言説を離れた虚空にも等しいものであると解される。さらに『理趣釈』は三兄弟を次のように三宝・三菩薩などに配する。

三兄弟	仏宝	法身	金剛薩埵
	法宝	報身	観自在菩薩
	僧宝	応身	虚空蔵菩薩

金剛薩埵以下は、大日如来の心なる菩提心より流出したものであるとみる。

この段は三兄弟の曼荼羅によって表現される。

第十五段

『理趣釈』では「四姉妹集会品」、前掲書では「四姉妹の法門」である。

次に、四姉妹女天が帰依のまことを表明して、心真言のハム（唅 haṃ）を説くのが本段である。『理趣釈』では惹耶《じゃくや》・微惹耶《びじゃくや》等とあるが、これはジャヤー（Jayā）・ヴィジャヤー（Vijayā）・アジター（Ajitā）・アパラージター（Aparājitā）で、これらはヒンドゥー教ではシヴァ神妃ガウリー（Gaurī）の守門神として、今日でも信仰されている。『陀羅尼集経』第一では魔《ま》醯首羅《けいしゅら》天《てん》（Maheśvara）すなわちシヴァ神の眷属である。『理趣釈』では四姉妹の兄のトゥンブル（都牟盧天 Stumburn の俗語 Tumburn＝Tumbarn）を曼荼羅の中尊に描く。

不空訳本によれば心真言のハムは有情加持、七母天、三兄弟、四姉妹の四つの法門を摂める真言「トゥリ・ビョー・スヴァーハー」（Tri bhyo svāhā 三界有情のために、スヴァーハー）のスヴァーハーの最尾音ハー（hā）が原形であると推定される。因業不可得の因を意味するヘートゥ（hetu）の頭文字のハ（ha）と虚空を意味するアーカーシャ（ākāśa）の頭文字アー（ā）との合成語で、一切の因業を離れ虚空のような実相般若を象徴すると解される。

また、『理趣釈』ではハム字は一切法の因不可得、マ（莽 ma）は一切法の我不可得を意味するという。これはハムのハ（ha）を因を意味するヘートゥ（hetu）の頭文字、マ

(ma) は我を意味するママ (mama 代名詞 mad の属格・単数で、私の、我のもの、我) の頭文字を採ったものとみられる。

前述のように、この段は四姉妹女天の兄の都牟盧《つむろ》天を中尊とする四姉妹女天の曼荼羅によって表現される。

第十六段

『理趣釈』では「四波羅蜜部大曼荼羅品」、前掲書では「各具の法門」である。無量無辺究竟如来すなわち大日如来が内証の境地を無量・無辺・一性・究竟という四つの真理命題で示す。われわれ有情の当体が普集の曼荼羅を具えているのみならず、いかなる個別的な微細な存在であってもすべてこの曼荼羅を具有していることを説いている。その意味で、一切は平等であるとする。われわれはもとよりいかなる個にも全宇宙がふくまれていることを明らかにするため、『理趣釈』によれば、金剛部などの四部四波羅蜜 (東方金剛波羅蜜・南方宝波羅蜜・西方法波羅蜜・北方羯磨波羅蜜) のうちに、それぞれ仏部・金剛部・宝部・蓮華部・羯磨部の五部が具わっているとする。

不空訳本には、この段の種子真言を説かない。

本段は五部（前掲仏部以下）具会の曼荼羅によって表現される。

第十七段

『理趣釈』にはこの段の名称がないが、空海は「五種秘密三摩地章」という。前掲書では「深秘の法門」という。いかなる個別的な微細なものも五智五部を具え、そこに宇宙法界がおさまっていることを認識し、さらに現実においてこのような世界観にもとづいて、どのような宗教的実践を展開するかを論じた一段であり、本経の究極の教えとするところである。すなわち般若の智慧と有情を救護する方便との合一による限りない大安楽の境地に住する金剛薩埵の位相を妙適（surata）すなわち男女の性的結合によって喩え、それを金剛薩埵を囲繞する慾（kāmā）・触（kelikīlā）・愛（smṛti）・慢（kāmeśvarā）の四明妃で表現し、これを五秘密とする。

金剛薩埵の本体は大日如来であり、それに対する慾などの四明妃は、無限生命の金剛部、価値世界の宝部、人間愛の蓮華部、自由世界の羯磨部とこれら四部の主尊である阿閦・宝生・無量寿・不空成就の四如来を意味するとされる。

不空訳本では、この秘密法門はフーム（吽 hūṃ）の種子で示される。『理趣釈』では前の釈のとおりであるとあるので、初段の大楽法門と同じくア（阿 a）・ハ（訶 ha）・ウー（汙 ū）・マ（摩 ma）の四字に分解すれば、それぞれの字を慾・触・愛・慢の四明妃に配することができよう。他に空海の重字の吽すなわちフーム（hūṃ）という伝承もあるが、これはインド伝来のものかどうか明らかでない。

この段は東方慾・南方触・西方愛・北方慢の四明妃に囲繞された中尊金剛薩埵——これらを五秘密尊という——の五秘密曼荼羅として表現される。これは現実世界がそのままさとりの絶対の世界に転換するさまを端的に明らかにしたものである。これを象徴的に金剛薩埵と慾・触・愛・慢の四明妃が同じ蓮台に坐し、同一の月輪のなかに存するかたちで示してある。

再説すれば、この段では大日如来が初段から第十五段までを総括した教え（大楽金剛不空三麼耶という金剛法性）を説く。ここでいう五秘密とは初段の十七清浄句の中心をなす五句の尊格化である。すなわち、慾は、第二句の「異性のハートを射止める愛欲の矢が本来清らかであるという成句（＝地位）は、そのまま菩薩の立場である」というのが、それである。

触は、第三句の「異性と抱擁することが本来清らかであるという成句（＝地位）は、そのまま菩薩の立場である」というのが、それである。

愛については、第八句の「異性に対する本能的欲望が本来清らかであるという成句（＝地位）は、そのまま菩薩の立場である」というのが、それである。

慢については、第九句の「異性との性交に満ち足りることが本来清らかであるという成句（＝地位）は、そのまま菩薩の立場である」というのが、それである。

第十七段の後半において、大日如来は、「金剛杵を手にする者（＝金剛薩埵）よ」とよびかけ、このさとりの真実の智慧へのみちすじ（＝理趣）を聞き、受け取ってよく記憶し、読みあげ、そのことわりを思考すれば、仏菩薩の実践行において、みな究極に到達することができるであろう、と説く。

そこで、次に、なぜかとそのわけを示すのが、本経最後の第十七段における結びであって、「菩薩の勝れた（智）慧ある者は」（不空訳）ではじまる「百字の偈」である。

一般に大乗菩薩はすべてのものを救済するのを誓願とするが、その誓願を達成するためには順次、五つの最勝なるものが成就されなければならない。「百字の偈」に配当すると、次のとおりである。

〔百字偈〕　〔五成就〕

㈠菩薩勝慧者……大欲最勝成就
㈡般若及方便……大楽最勝成就
㈢欲等調世間……大菩提最勝成就
㈣如蓮体本染……摧大力魔最勝成就
㈤大欲得清浄……遍三界自在主成就

「百字の偈」は本経のむすびともいうべきものであるので、不空訳本にもとづいて現代語訳を左に掲げてみよう（原文・訓み下し文は本文を参照されたい）。

永遠の求道救済者にして、すぐれた智慧ある者は、迷いの世界がなくならない限りそこにあって、絶えず人びとのためにはたらいて、しかも静まれるさとりの世界におもむくことがない。

さとりの真実の智慧〔般若〕にもとづく人びとの救済の手だて〔方便〕と、さとりの智慧の完成〔智度〕とをもって残らず不可思議な力を加えて、あらゆる存在するところのもの、およびもろもろの生きとし生けるものの現実生存を、すべて皆清らかならしめる。欲望などをもって世の人びとを整え制御すれば、（あらゆる罪過を）浄《きよ》め取り除くことができるのであるから、生存界の領域の最上部〔有頂天〕から悪業の報いとして受ける生存の状態〔悪趣〕に至るまで、生きとし生けるものの現実生存をすべて整え制御する。

あたかも色あでやかな赤い蓮華が本来の色彩のままであって、他の色のけがれに汚されないように、人間のもろもろの欲望の本性もまたそのとおりである。（すなわち）世間の人びとの利益《りやく》のためにはたらく者は、その住んでいるところの環境のけがれによって決して汚されることがない。

量り知れないほど大いなる欲望の清らかなもの、大いなる安楽のもの、大財あるもの、このあらゆる世界〔欲望の世界＝欲界、物質の世界＝色界、精神の世界＝無色界〕を思いのままにすることを得たものは、（生きとし生けるものの）利益をきわめて確実なものにする。

『理趣経』には、この経典を読誦する功徳がくり返し説かれる。たとえば、本段の末尾には次のようにある。

金剛杵を手にする者よ。もしも誰であれこの根本にして始源の（教えである）さとりの智慧のみちを聞いて、毎日早朝に、あるいは読みあげ、あるいは聞くならば、その人は（大いなる欲望によって世間のすべての罪過を清らかに取り除くことができるから）すべての安楽と、喜びの心と、大安楽にして金剛のように堅固不壊であって空しからざるもとの誓いの（金剛薩埵の）不可思議な効験とを得て、この世においてすべての存在するところのものの自由自在なる喜びと楽しみとを得て、（金剛薩埵から金剛拳菩薩に至るまでの）十六大菩薩の生涯（であるすべての功徳）を自身が具えて、具体的なすがたかたちをとった毘盧遮那如来と智慧を身体とする（智身の）金剛杵を持つ者との位を得ることができるであろう。吽《うん》。

そして、巻尾は称讃流《る》通《づう》分で、不空訳本では、「爾時一切如来及持金剛菩薩摩訶薩等」より「皆六歓喜信受行」までである。この部分は金剛薩埵を称讃し、むすびの言葉としたものである。長行釈（散文）と偈頌（韻文）とよりなる。偈頌では金剛薩埵の本質内容をなす五部曼荼羅の功徳を讃え、本経を受持することの功徳、教えを宣揚するための因縁などを明らかにする。

次に、金剛薩埵を称讃するこの部分の現代語訳を掲げることにする。

その時、（大日如来と同体なる）すべての如来と金剛杵を持つ菩薩摩訶薩たちは皆、この説法の場所に集まって来て、すでに説かれた真理の教えを空しからずさわりなく速やかに成就させようとして、皆いっしょに金剛杵を手にする者〔金剛薩埵〕を称讃して、次のようにいった。


すばらしいかな、すばらしいかな、（金剛部の曼荼羅のすべての功徳を得たもうている）偉大なる金剛薩埵よ。

すばらしいかな、すばらしいかな、（金剛薩埵が得たもうている宝部の曼荼羅の）大いなる安楽よ。

すばらしいかな、すばらしいかな、（金剛薩埵が得たもうている法部の曼荼羅の）大いなる教えよ。

すばらしいかな、すばらしいかな、（金剛薩埵が羯磨部の曼荼羅においてはたらきたもう）大いなる智慧よ。

（金剛薩埵が毘盧遮那如来として金剛界において）よくこの真理の教えを説きた

まい、
金剛のように堅固にして永遠不滅の経典に不可思議な力のはたらきを加えたもうのである。
誰でも、この最も勝れた教えの主人公である『般若理趣経』を受けてよく記憶する者は、
すべてのさまざまな悪魔といえども、その者を損なうことはできない。
仏菩薩の最もすぐれた位を得て、
いろいろな不可思議な効験を速やかに得ることができる、と。
(このようにして) すべての如来および菩薩は
いっしょに (金剛薩埵の) このように勝れているさまを称讃してから、
この『般若理趣経』を受けてよく憶えておく者に (世間と世間を越えた世界のさまざまな不可思議な効験を) すべて成就させるために、
皆、(すべての仏菩薩は) 大いに喜び、信じ受けとって実践したのであった。

既述のように、本経は諸種の類本があり、詳細に比較検討すれば、相互の相違や問題点

があるが、それらは本経の成立史的研究に俟たなければならない。

現在、わが国の真言宗などで日常読誦している不空訳本を中心とし、したがって、その解説には不空訳『理趣釈』を参照して論述した。なお、釈の現代語訳と注解については拙著『仏教経典選8　密教経典』（筑摩書房刊）を参考されたい。

般若理趣の世界が顕教より遥かに深化され、まさしく密教教理の極意が、この一経に凝縮されているといって過言ではなかろう。

衆生界と仏界とがあやなす不可思議な境界が最高次元の語りでありながら直下の現実に展開しているという、すばらしい密教的世界の謎が無限に秘められている本経は、酌めども尽きせぬ滋味を湛えている。本文で、この無限の滋味を十分に味わっていただきたい。

本文解説

一　序　分

大樂金剛不空眞實三麽耶經

般若波羅蜜多理趣品

大廣智大興善寺三藏沙門不空奉　詔譯

大楽金剛の不空にして真実なる三麽耶経

般若波羅蜜多の理趣の品

大広智なる大興善寺の三蔵、沙門不空、詔を奉じて訳す。

《不空》 不空は Amogha-vajra の訳。真言宗付法の第六祖で、金剛智（vajrabodhi 六七一—七四一）の弟子である。唐の玄宗皇帝の頃に活躍し、特に金剛頂系密教の経軌の翻訳に顕著なものがあり、鳩摩羅什・真諦・玄奘と並ぶ四大翻訳家の一人である。**《大興善寺》** 玄宗の天宝十五年（七五六）に不空三蔵、この寺に住し密教の道場とした。以来青龍寺と共に長安における密教弘布の中心道場となる。**《理趣》** naya の訳語。動詞の√nī（導く・連れゆく）から展開した語で、『大日経疏』巻第三（大正三九・六一〇b）に、その語を解して、「梵音の娜耶（naya）

とは、即ち是れ乗の義、道の義なり。謂わく一念の善根より乃し成仏に至るまで、是の中間の一々の諸地において乗ずるところの法と、行ずるところの道とを通じて娜耶と名づく」とあり、まさしく〃理趣〃とは、乗ずるところの法、行ずるところの道という意味を有していることが明らかであろう。

〔訳〕大楽にして金剛、不空にして真実なる世界を悟らんとの誓いの教え。

さとりへの道の章

大広智とよばれる大興善寺に住する三蔵と尊称された修行者不空金剛（アモーガ・ヴァジュラ）が皇帝の詔《みことのり》を賜わって訳したものである。

経典の名称は、本来それが有していたものが必ずしも漢訳された時に反映するとはかぎらない。その経典の内容から新しく創造される場合が多い。この場合も、当経初段に説かれる〃大楽金剛不空三麼耶心〃・〃一切安楽悦意大楽金剛不空三麼耶究意悉地〃などから、それが経名になったのであろう。ちなみに、他の類本の経名を上げてみよう。『般若理趣分』（『大般若経』第五七八巻）玄奘訳。『実相般若波羅蜜経』菩提流志訳。『金剛頂瑜伽理趣般若経』金剛智（訳）。『遍照般若波羅蜜経』施護訳。『最上根本大楽金剛不空三昧大教王経』法賢訳。『吉祥最勝本初と名づくる大乗の儀軌王（Śrī-paramādya nāma mahāyāna-kalpa-rāja)』シュラッダーカラヴァルマン・リンチェンザンポ訳。後接部分は『吉祥最勝本初真言儀軌分と名づくるもの（Śrī-paramādya-mantra-kalpa-khaṇḍa nāma)』マントラカラシャ・ラーシャンポ訳である。『金剛場荘厳と名づくる大儀軌王』(Śrī-vajramaṇḍalālaṃkāra-nāma-mahātantra-rāja) スガタシュリー・ラハツァンポ訳。『百五十偈の般若波羅蜜多理趣（Ārya-prajñā-pāramitā-naya-śatapañcāśatikā)』訳者不詳。サンスクリット本『百五十偈の般若波羅蜜（Adhyardhaśatikā prajñāpāramitā)』とあるがごとくである。同一趣旨の経典にこれだけヴァラエティーに富んだ経名が附けられているのである。しかし、中心となるものは「理趣（naya)」であった。よって、「理趣般若」という呼称をもって、これら十種の類本を総称するのである。

ただ、ここに依用する不空訳『理趣経』は、副題に「般若波羅蜜多理趣品」とあるのは、「理趣般若」の成立過程における、広本化にかかわる問題において、後に添加された部分を「真言分」といったことから、本来「理趣般若」の部分を「般若分」、あるいは「理趣品」と呼称したようである。実際、チベット訳の『広本理趣経』の、特に北京版にそのような名称を指摘することができる。空海は、『理趣経開題（弟子帰命)』(『弘大全』第一輯、七二四頁）において、その経名を釈し、「大楽不空とは、此れ金剛薩埵の異名なり、妙楽の中に此の尊の三摩地を特に殊勝とす、故に大楽と曰う。不空とは、梵には阿目伽（amogha）と曰う。此れには無間と云う。自証の大楽、化他の大喜に間断有ること無し、故に無間と曰う。無間と不空と其の義一なり。義を以て之に名づく。真実とは、虚偽に箇《きら》うの名、辺邪に異なるの称なり。性徳の妙楽、真界の法味、何の楽か窮まらざらん、何に物か具えざらん。麁弊都て融し、妙適併せ具す、故に爾か云う。三摩耶とは、此れには等持と云う。平等摂持を義とす。即ち入我我入に名を得る。亦は誓約と名づく」と述べている。経名の解釈は、『理趣経』全体の意味にまで展開しているといえよう。

イ　時

如レ是　我　聞。一　時。

是《かく》の如《ごと》く我《われ》聞《き》く。一時《いちじ》。

《是の如く我聞く》仏教経典はすべて釈尊が説法をし、阿難等の諸弟子が聞いたことになっていることはいうまでもなかろう。密教経典をより権威づけ、かつ諸大乗の経典とは一線を画することから、大日如来が説法し、金剛薩埵が結集したという主張がなされるようになった。それによれば、我聞の我とは金剛薩埵ということになろう。《一時》ある時の意味であるが、むろんこの教えが説法された永遠なる時のことであろう。

〔訳〕このように私（金剛薩埵）は聞いている。その時

『理趣釈』巻上（大正一九・六〇七a）には、「是の如くとは、謂わゆる結集の時、指《ゆびさ》すところの是の経なり。我聞けりとは、蓋《けだ》し親しく仏に従って聞くことを表すなり。一時とは、当に経を説くの時、其の他六種に震動し、或いは天衆《おお》くの花を雨《あめふ》らす。余の時には則ち此の相無し。又、三乗の種性は皆聖果を獲る、乃ち一時と称《い》うなり」とあり、さらに『真実経文句』（『弘大全』第一輯、七三二頁）には、「是の如くとは、惣じて所聞の法を挙げ、我聞けりとは、別して聞持の人を明かし、一時とは、聞持和合して異時に非ざることを明かす」といっている。要するに経典というものの形体として、如是我聞、一時、とあるとしても、密教経典としての意味を加味して考察すれば、〃我聞〃の我とは、まぎれもなく

金剛薩埵の自称であり、〃如是〃とは以下説かれる十七段の法門すべてをさすことは当然といわなければならない。よって、空海は前掲の『文句』のごとく、〃一時〃とは、所聞の法と聞持の人が、和合した絶対なる時ということであり、さらに『大日経開題』(『弘大全』第一輯、六七四頁)には、「一時とは、人法と時と会って、三密相応して説くが故に」とあるごとく、人と法と、そして時とが合一した絶対なる時、というごとくに深釈している。

□ 教主

薄伽梵。成二就殊勝一切如來金剛加持三麼耶智一。已得二一切如來灌頂寶冠一。爲二三界主一。已證二一切如來一切智智一。瑜伽自在。能作二一切如來一切印平等種種事業一。於二無盡無餘一切衆生界一。一切意願作業皆悉圓滿。常恒三世一切時身語意業金剛大毘盧遮那如來。

薄伽梵、殊勝の一切如来の金剛加持の三麼耶智を成就し、已に一切如来の灌頂の宝冠を得て三界の主と為り、已に一切如来の一切智智を証して瑜伽自在なり。能く一切如来の一切印平等の種種の事業を作して、無尽無余の一切の衆生界に於て一切の意願の作業を皆悉く円満せしむ。常恒に三世の一切の時に身語意業の金剛の大毘盧遮那如来は

《**薄伽梵**》バガヴァットの単数・主格であるバガヴァーンの音写で、世尊と翻訳される。ここでは、『理趣経』の教主である大日如来のことである。《**加持**》アディシュターナの訳語で、密教では仏菩薩などの不可思議な働きかけの力とでもいったらよいであろう。弘法大師は『即身成仏義』(『弘大全』第一輯、五一六頁)において「加持とは、如来の大悲と衆生の信心とを表す。仏日の影、衆生の心水に現ずるを加と曰い、行者の心水能く仏日を感ずるを持と名づく。行者、若し能く此の理趣を観念すれば、三密相応するが故に現身に速疾に本有の三身を顕現し証得するが故に」と定義している。この語についての深い考察は、渡辺照宏博士の「Adhiṣṭhāna(加持)の文献学的試論」(『渡辺照宏仏教学論集』所収、昭和五十七年刊、筑摩書房)を参照。《**三麽耶智**》サマヤには平等・誓願・驚覚・除垢の四義があるとされている。『理趣釈』巻上(大正一九・六〇七a)では、「三昧耶智とは、誓《ちか》いなり、亦曼荼羅なり」としている。すなわち曼荼羅の世界を悟る智慧のこと。《**灌頂の宝冠**》王族が国王の位を継承する時、四大海の水を頭頂に灌《そそ》ぐ灌頂という儀式を行い、宝冠を頭にのせ三界の法王位を継いだことを証明すること。《**三界**》欲・色・無色界のことで、迷いの世界。本来はヨーガにおける心集中の過程は欲望の世界から物質の世界、そして精神の世界へと深化するものとされるが、それが一転して世界観となって、輪廻の領域を表す言葉となった。《**瑜伽**》ヨーガの音写。訳して相応という。身体・言葉・意の働きを如来のそれと相応一致させることをいう。《**印平等**》印とはすべての如来の身体・言葉・意の働きを標幟《ひょうじ》したものである。それはそのまま平等なることの完全なる世界の表現でもある。

《**大毘盧遮那如来**》マハーヴァイローチャナのマハーを大とし、ヴァイローチャナを音写したものである。遍照と訳されるので大遍照如来ともいわれるが、大日如来と意訳されたのは『大日経疏』巻第一(大正三九・五八四a)においてである。

〔訳〕 世尊は、すぐれたすべての如来《ほとけ》の金剛のごとく不変なる助力によってすべての真実なるすがたを悟る智慧を完成し、すでに、すべての如来のみちびきによって、あらゆる世界の自在者となったことをあらわす宝冠を頭上にいただき、すでに、すべての如来の内証そのものである智慧のなかの智慧を自己に相応させることに自由自在なる力を得て、よく、すべての如来が有する内証の幖幟である印に平等となるべきすべてのはたらきをなして、尽きることも余すこともなき人びとのすべての願いを完成せしめ、過去と現在と未来にわたるすべての時に、身体・言葉・意《こころ》の働きが、すべての人びとの救済にむけられ、その意志が金剛のように堅固である大日如来は、

この部分は、すべて最後の教主大日如来の説明に集約される。「理趣般若」類本のすべてにおいて教主が大毘盧遮那如来に統一されているわけではなく、原初本たる玄奘訳『理

趣分』に、「広大遍照身語心性」というごとき教主への修飾語があるが、いまだ大毘盧遮那如来の成立をえていないのであり、密教化の過程において、そのような修飾語が教主の名称へと展開してきたと考えられる。『理趣釈』巻上（大正一九・六〇七b）には、『金剛頂経』をよりどころとして構成される金剛界三十七尊曼荼羅の中心五仏の内証をもって配当し解釈する考え方が示されているが、それをもって空海は『真実経文句』（『弘大全』第一輯、七三二頁）に、「其の第四の教主の中に就て文を分って三とす。先ず尊号を標し、次に成就殊勝より以下は、勝徳を歎じ、後に大毘盧より以下は、別号を挙ぐ。初めは文の如し、其の勝徳を歎ずる中に就いて、自ずから六句の経有り、恐らくは是れ仏の五智の徳を歎ずるのみ。中に就いて初めの句は大円鏡智を歎じ、次に已得一切より至りては平等性智を歎じ、次に已証一切より至りては妙観察智を歎じ、次に能作一切より至りての両句は成所作智を歎じ、後に常恒三世より至りては清浄法界性智を歎ず」として、四つの勝徳を四智に配し、中心大日如来をもって法界体性智に当て、大日如来を五智の当体と解したのである。大日如来については『大日経』において論ぜられるべき多くの問題があるが、ともかく、この『理趣経』、あるいは『金剛頂経』における大日如来は、まさしく五智の当体であるという点にその特色を見いだすことができるであろう。ここで注意すべきは、「理趣般若」の成立過程において、大日如来という仏身が徐々に形成されてきたのであり、いわゆる密教化というものの実体がまぎれもなく法身大日如来の成立をうながしたことは、いうまでもないであろう。そして、『理趣釈』や空海の理解によってそれがよりいっそう完成されたものとなったのであるということができるであろう。文に随って、五智を配してみれば、一、殊勝なる一切如来の金剛加持の三摩耶智を成就し――大円鏡智、二、已に一切如来の灌頂宝冠を得て三界の主と為る――平等性智、三、已に一切如来の一切智々を証して瑜伽自在なり――妙観察智、四、能く一切如来の一切印平等の種々の事業を作して、無尽無余の一切の衆生界に於て一切の意願の作業皆悉く円満す――成所作智、五、常恒三世の一切時の身語意業の金剛のごとき――法界体性智と配当され、要するに、阿閦《あしゅく》如来・宝生如来・阿弥陀如来・釈迦如来・大日如来の各如来の内証でもあると解されるのである。このことがらについては、最近、加藤精一氏が『密教の仏身観』(平成元年二月、春秋社)としてまとめられた。

八 説処

在二於欲界他化自在天王宮中一。一切如來常所二遊處一。吉祥稱歎二大摩尼殿一。種種間錯鈴鐸繒幡微風揺撃。珠鬘瓔珞半満月等。而爲二莊嚴一。

欲界《よっかい》の他化自在天王宮《たけじざいてんのうぐう》の中に在於《いま》す、一切如来の常に遊処《ゆうしょ》し、吉祥称歎《きっしょうしょうたん》したもう所の大摩尼殿《だいまにでん》なり。種種に間錯《かんさつ》し、鈴《れい》・鐸《たく》・繒幡《そうばん》が微風に揺撃《ようげき》せられ、珠鬘《しゅまん》・瓔珞《ようらく》・半満月《はんまんがち》等(を以て)而も荘厳《そうごん》と為す。

《欲界の他化自在天王宮》仏教の世界観によれば、我々が住む世界は四州ある中の南閻浮提《みなみえんぶだい》であり、この他化自在天とは欲界中の最上の天界のことである。この天に住する神は、人びとのために作りだした欲望の対象となるべきものを自由自在に享受するところより〝他化自在〟といわれている。欲界には六天がある。すなわち四天王(持国・増長・広目・多聞の諸天)天・忉利《とうり》天・夜摩天・都史多天・楽変化天と他化自在天とである。天とは神のことであるが、三摩地の深化の過程を欲界・色界・無色界の三界にわけ、各々に六天・十八天・四天の計二十八天の名称をもってそれぞれの三摩地の境界を示したものであるということができる。**《大摩尼殿》**摩尼とは maṇi(宝珠)の音写で、大いなる宝珠によってしつらえた宮殿のことである。『理趣釈』巻上(大正一九・六〇七c)には、「其の宮殿は、是れ大楽不空の金剛薩埵の大曼荼羅なり、皆、毘盧遮那仏より福徳の資糧を出生す」とあるごとく、多く曼荼羅は宮殿の形式によって幖幟されることからかくいわれるのである。後述するごとく実際に曼荼羅が構成されているのである。**《間錯》**種々にまじり合うことで、種々な色が相互に交映している様子のこと。**《鈴鐸》**鈴とは小さなもの、鐸とは大きな鈴のこと。**《繒幡》**五色の絹によっておりなされている幢幡のこと。**《珠鬘》**線によって貫ぬかれている宝石の輪のこと。**《瓔珞》**首や身に装うところのかざり。**《半満月》**半月と満月形の宝石によってつくられたかざり。

〔訳〕 この欲界のいただきにある他化自在天王のすみかの中にいます。そこはすべての如来が常にたわむれ、そのすぐれたるさまがほめたたえられている大宝殿であり、そこはさまざまな色彩にあふれ、鈴や大鈴、五色の絹の旗が微風にそよぎ、珠や環のかざり、首や身体に装う宝石、そして半月形や満月形の宝石などがいっぱいに飾られているのである。

この経典が説かれた場所が他化自在天王宮であったことの意味について一考する必要があろう。他化自在天を説処とする経典は、他に『華厳経』の十地品等を指示することができる。しかし、『理趣経』の眼目である五欲をば、金剛薩埵《こんごうさった》の大楽大貪欲の三摩地であるとする主張は、大日如来が欲界の頂上である他化自在天に住し、そして五欲の清浄なる実相を説くにもっともふさわしい境界であったがためであろう。『理趣釈』巻上（大正一九・六〇七c）に「其の天界は五欲殊勝にして諸天に超越す。是の故に毘盧遮那仏、金剛薩埵の為に大楽・大貪染を説き、速疾に加持して瑜伽《ゆが》を現証したもう。是れに由って世間の雑染、諸の煩悩に染せざるを聞くことを得、摩羅の境を超越す」とあるがごとくである。

さらに、この説処は、そのままが曼荼羅に想定され、『理趣釈』巻上では、「其の宮殿は、是れ大楽不空金剛薩埵の大曼荼羅なり、皆毘盧遮那仏従り福徳の資糧を出生す。大妙の金剛の五宝は金剛峯の宝楼閣を成ずるところにして、其の曼荼羅は、四方の八柱、八位に列《つら》なり、四門にして、中位に毘盧遮那遍照如来あり、内証の智解脱是れなり」とあるごとく、説会の曼荼羅を想定しているのである。

ちなみに、他化自在天の位置を三界説の構成をあげて、確認しておこう。

仏界

無色界		非想非非想処
		無所有処
		識無辺処
		空無辺処
色界	四禅	色究竟天
		善見天
		善現天
		無熱天
		無煩天
		広果天
		福生天
		無雲天
	三禅	遍浄天
		無量浄天
		少浄天
	二禅	極光浄天
		無量光天
		少光天
	初禅	大梵天
		梵輔天
		梵衆天

欲界	六欲天	他化自在天
		楽変化天
		覩史多天
		夜摩天
		三十三天
		四大王衆天
	地表	倶盧洲
		牛貨洲
		勝身洲
		贍部洲
		傍生
		餓鬼
	地下	等活地獄
		黒縄地獄
		衆合地獄
		号叫地獄
		大叫地獄
		炎熱地獄
		大熱地獄
		無間地獄

この図は、定方晟著『仏教にみる世界観』(レグルス文庫)二三頁にあるものを利用させていただいた。

さて、経典の説処の問題は、なかなかに興味深いものがある。「理趣般若」は、般若経の一つとして『大般若経』六百巻中の第五七八巻に収められている。そして、密教経典のとくに、「金剛頂経系」の経典の一つとして、「金剛頂経十八会」という叢書の第六会に当るとされている。要するに、「般若経」としての理趣経、そして「金剛頂経」としての理趣経の各々が、経典の二大叢書の内に位置していることは、この『理趣経』のもっとも特色とするところであろう。『金剛頂経』に十八種の叢書というまとめがあるといっているのは、『金剛頂経十八会指帰』(不空訳)一巻においてである。今、それにもとづいて各会の名称と説処をあげて、参照としたい。

一　序分

金剛頂経十八会

	名　　称	説　　処
初　会	一切如来真実摂教王	
二　会	一切如来秘密王瑜伽	色究竟天
三　会	一切教集瑜伽	法界宮殿
四　会	降三世金剛瑜伽	須弥盧頂
五　会	世間出世間金剛瑜伽	波羅奈国空界
※六　会	大安楽不空三昧耶真実瑜伽	他化自在天宮
七　会	普賢瑜伽	普賢菩薩宮殿
八　会	勝初瑜伽	普賢宮殿
九　会	一切仏集会拏吉尼戒網瑜伽	真言宮殿
十　会	大三昧耶瑜伽	法界宮殿
十一会	大乗現証瑜伽	阿迦尼吒天
十二会	三昧耶最勝瑜伽	空界菩提場
十三会	大三昧耶真実瑜伽	金剛界曼荼羅道場
十四会	如来三昧耶真実瑜伽	
十五会	秘密集会瑜伽	秘密処
十六会	無二平等瑜伽	法界宮
十七会	如虚空瑜伽	実際宮殿
十八会	金剛宝冠瑜伽	第四静慮天

とあるのがそれである。これは、そっくり空海の『金剛頂経開題』（『弘大全』第一輯、六九一頁以下）に採用されている。さて、『理趣釈』には、第二段の毘盧遮那の章では、「毘盧遮那如来は遍照と名づく。報身仏は、色界の頂の第四禅色究竟天に於て等正覚を成じ、諸の菩薩の為に、四種の自証・自覚・聖智を説き、四智の菩提を説く」とあり、さらに、第三段の降三世の章では、「須弥の頂の三十三天の金剛宝峰楼閣中に於て、毘盧遮那仏は輪を転じたもう」とあり、各段の教主の説処を明かしている。それには、どのような意があるのであろうか。『理趣経』自体の説処は、他化自在天であるということにかかわりはないが、内容にいたって、色界の頂の第四禅色究竟天、あるいは、須弥の頂の三十三天といわれる。『理趣釈』の中では、一貫した考えは何も記されていない。しかし、文章の脈絡からいえることは、大日如来説法の内証の世界を表現したものであろうと推察される。

二 眷属（八大菩薩）

與二八十倶胝菩薩衆一倶。所レ謂金剛手菩薩摩訶薩。觀自在菩薩摩訶薩。虚空藏菩薩摩訶薩。金剛拳菩薩摩訶薩。文殊師利菩薩摩訶薩。纔發心轉法輪菩薩摩訶薩。虚空庫菩薩摩訶薩。摧一切魔菩薩摩訶薩。與二如レ是等大菩薩衆一。恭敬圍遶而為説レ法。

八十倶胝の菩薩衆と倶なりき。謂ゆる金剛手菩薩摩訶薩、観自在菩薩摩訶薩、虚空蔵菩薩摩訶薩、金剛拳菩薩摩訶薩、文殊師利菩薩摩訶薩、纔発心転法輪菩薩摩訶薩、虚空庫菩薩摩訶薩、摧一切魔菩薩摩訶薩、是の如く等の大菩薩衆の与《ため》に恭敬し、囲遶せられて為《ため》に法を説きたもう。

《八十倶胝》コーティの音写で数の単位のこと。ここでは億として、八十億のこと。**《金剛手菩薩》**以下数えられる菩薩は八大菩薩といい、八十億をも数えることができる菩薩たちの代表である。金剛手とは、金剛堅固なる菩提心を幖幟する金剛杵を手にしている菩薩である。観自在とは、一切法は自性清浄であることを観察することにより、衆生は本来自性清浄心を有するものであるとして救済にはげむことを誓願する菩薩である。虚空蔵とは、虚空の中に無限に蔵している宝をすべての人びとに布施することを誓願する菩薩である。金剛拳とは、衆生の身体・言葉・意《こころ》を如来のそれに合一させることを金剛拳という印契に託し誓願する菩薩である。文殊師利とは、般若波羅蜜多の智慧を利剣に幖幟して、すべての衆生の煩悩を破せんことを誓願する菩薩である。纔発心転法輪とは、菩提心を発した人がいれば、すみやかに教えを説法することを誓願する菩薩である。虚空庫とは、虚空のごとき広大なる庫の中にあらゆる真実を蔵しており、そこから種々なるものを諸仏に供養することを誓願する菩薩である。摧一切魔とは、すべての人びとの煩悩を調伏せんと誓願する菩薩。《摩訶薩》マハーサットバ（摩訶薩埵）の音写の略である。

〔訳〕八十億もの菩薩たちもともにおられた、金剛手菩薩摩訶薩（金剛堅固なる菩提心の体現者）、観自在菩薩摩訶薩（大慈悲の実践者）、虚空蔵菩薩摩訶薩（偉大なる福徳者）、金剛拳菩薩摩訶薩（大いなる三密行者）、文殊師利菩薩摩訶薩（最上なる智慧の完成者）、纔発心転法輪菩薩摩訶薩（すばやくそして巧妙なる説法者）、虚空庫菩薩摩訶薩（無尽無余なる供養者）、摧一切魔菩薩摩訶薩（徹底せる奉仕者）、このような偉大なる菩薩たちにうやまわれ、とりかこまれて、そしてそれらの者たちにむかって法が説かれたのである。

ここに登場する八大菩薩は、八十億の菩薩たちの代表者である。そして、この八大菩薩は後の経典構造の三段から十段までの教主として再登場することになっている。すなわち、この大日如来の会座《えざ》につらなる八人の菩薩たちは、単なる聴衆者たちではなく、後に大日如来の説法を聴いて今度は自分が説法する菩薩たちであるということである。大乗仏教の経典で八大菩薩という場合、それは、金剛手・文殊・虚空蔵・弥勒・観自在・普賢・

地蔵・除蓋障《じょがいしょう》を数える場合が多いのであるが、それに比較すれば、弥勒・普賢・地蔵・除蓋障が、金剛拳・纔発心転法輪・虚空庫・摧一切魔の菩薩たちとかわっていることに気がつかれるであろう。渡辺照宏博士は、「Virocana と Vairocana」（『渡辺照宏仏教学論集』昭和五十七年、筑摩書房）において、仏伝文学の中に密教経典の菩薩の名がそっくりそのまま出ていることを、纔発心転法輪菩薩の梵名を Saha-cittotpāda-pravartinā と改めるべきであることをもって示唆しておられる（四一九頁）。

ここでくわしく『理趣釈』巻上（大正一九・六〇七c）において説かれている八大菩薩の記述をあげてみよう。「金剛手菩薩は、毘盧遮那の前の月輪の中に在り、一切如来の菩提心を表す。初めて菩提心を発し、金剛菩薩の加持に由って普賢の行願を修証し、如来地を証す。

観自在菩薩は、毘盧遮那の後の月輪に在り、一切如来の大悲を表す。六趣に随縁し、一切有情の生死の雑染・苦悩を抜済し、速やかに清浄なる三摩地を証し、生死に著せず、涅槃を証さず、皆、観自在菩薩の金剛法に由って現証す。

虚空蔵菩薩は、毘盧遮那の右の月輪に在って、一切如来の真如、恒沙の功徳、福資糧聚を表す。虚空蔵菩薩行を修するに由って、四種の施を行じ、後に当に説くべし、三輪清浄の喩えは虚空の若《ごと》し。無尽の有為、無漏は、受用・変化身の資糧と成るなり。

金剛拳菩薩は、毘盧遮那の左の月輪に在って、一切如来の三種の秘密が金剛拳菩薩の掌に在ることを表す。真言行の菩薩に由って、以て輪壇に入って灌頂を得る者は、如来の三業密教の修行を聞くことを得、世出世の殊勝の悉地を獲得して、無始の十種の不善なる悪業を浄除し、無障礙の究竟智を証得す。

文殊師利菩薩は、(毘盧遮那の)東南隅の月輪に在って、一切如来の般若波羅蜜多の慧剣を表す。三解脱門に住し、能く真如・法身・常楽我浄を顕し、菩薩に由って此の智を証し、便ち等正覚を成ずるなり。

纔発心転法輪菩薩は、(毘盧遮那の)西南隅の月輪に在って、一切如来の四種輪、(即ち)金剛界輪・降三世輪・遍調伏輪・一切義成就輪を表す。真言行を修する菩薩に由って、是の如き等の輪に入ることを得、四種智印に依って、以て十六大菩薩生を成じ、便ち無上菩提を証す。

虚空庫菩薩は、(毘盧遮那の)西北隅(の月輪)に在って、一切如来の広大供養の儀を表す。真言行を修する菩薩に由って、虚空庫菩薩の瑜伽三摩地を修得す。一念の頃に於て、身、尽虚空遍法界の一々の仏前に生ず。大衆会に於て、種々の雲海の供養を以て、如来に奉献す。便ち一切の仏より妙法を説くことを聞き、速やかに福徳智慧の資糧を満たす。虚空を以て、蔵と為し、諸趣に随縁し、諸の有情を拯済《じょうさい》し利益し、漸く無上菩提に引致し、以て巧（方）便と為す。

摧一切魔菩薩は、（毘盧遮那の）東北隅（の月輪）に在って、一切如来の大悲方便を表す。外に威怒を示現し、内に悲愍を懐く。加行位に住し、修行を護持し、諸障を辟除す。菩提を成ずる時、天魔及び摩醯首羅《まけいしゅら》、一切の難調伏者を摧伏し、彼等をして化を受けしめ、無上菩提に致し、念怒智を以て究竟を成ず」と述べている。空海は、それを受けて『真実経文句』（『弘大全』第一輯、七三三頁）においては、「八大菩薩有り、則ち是れ次いでの如く大日如来の月輪の震（ひがし）・兊（にし）・離（みなみ）・坎（きた）・巽（たつみ）・坤（ひつじさる）・乾（いぬい）・艮（うしとら）の八方に依って之を侍衛す」と、その位置を示し、いうところの「説会（能説）の曼荼羅」を示唆している。

以下、各段に曼荼羅の図を掲げるが、各二図ずつとする。その一図は、石山寺経蔵に所蔵されている唐本理趣経曼荼羅というものである。その第三図の左側に、

咸通五年歳次甲申仲春月中旬於大梁相国寺粥院写之　大悲院玄慶三蔵本

という記がある。唐暦の咸通五年とは、西暦八六四年であり、空海入唐より後であるとは

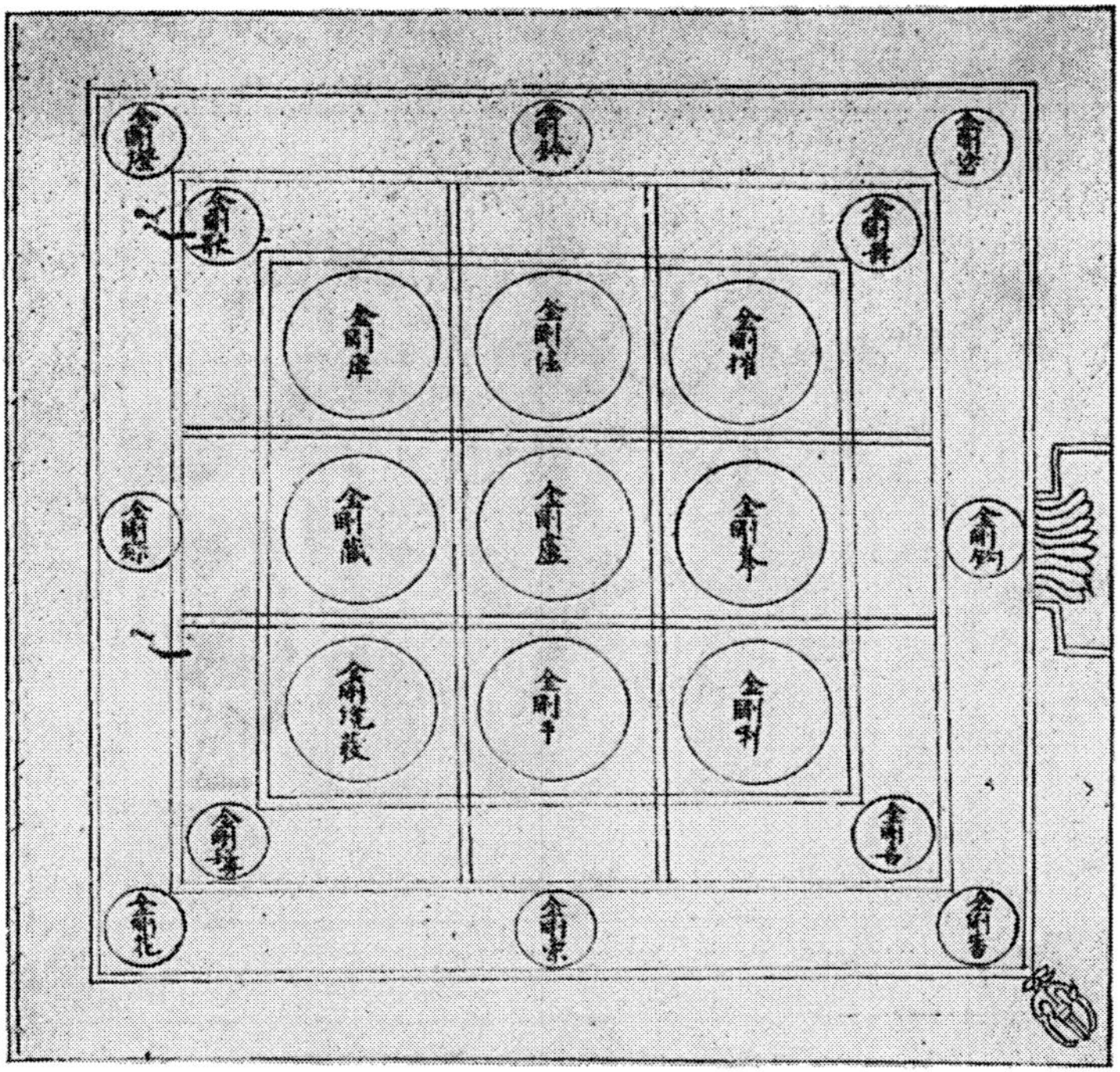

第１図　唐本理趣経曼荼羅（石山寺蔵．大正新脩大蔵経図像12巻所収）

第２図　補陀洛院版の説会曼荼羅

いえ、現存する理趣経曼荼羅では、もっとも古いものであり、それも中国密教の産物であることに注意をしたい。一図は、理趣経曼荼羅のもっともポピュラーな補陀洛院版のそれである（「石山寺蔵「唐本理趣経曼荼羅」の検討」・「『理趣経』曼荼羅について—特に五秘密曼荼羅を中心に—」〔拙著『理趣経の研究』所収〕を参照のこと）。

さらにこの八大菩薩の意味するものは、『理趣釈』巻上（大正一九・六〇八a）において、「如上に釈するところの八大菩薩は、三種法を摂す。謂ゆる菩提心・大悲・方便是れなり。如上に釈するところの諸の菩薩は、一切の仏法、真言門及び一切の顕大乗を包括す。是の如き等の大菩薩が恭敬し囲遶し、八供養及び四門の菩薩等、以て如来の三昧の眷属を表す」とし、この八大菩薩が菩薩道の実践たる菩提心・大悲・方便のすべてをあらわし、密教・顕教のすべてを包括するとしているのである。

ホ　法の讃嘆

初中後善。文義巧妙。純一圓滿。清淨潔白。

初・中・後善にして、文も義も巧妙、純一にして円満、清浄にして潔白なり。

《初・中・後善》説かれた法が完全にして無欠であること。以下もすべて「而して為に法を説きたもう」ところの法の讃嘆の句である。

〔訳〕初めも中間も、そして終りも善く、文章や意味が巧妙であり、純粋にして、功徳が円満しており、そして清浄で、けがれがないのである。

この文は、説かれた法の讃嘆の句である。空海は『真実経文句』(『弘大全』第一輯、七三三頁)において、「歎教の中に七善有り。一には初中後善、二には文巧、三には義巧、四には純一、五には円満、六には清浄、七には潔白なり」とて、七善に分析している。『理趣釈』には、くわしい解説を述べているが割愛する。

以上が、序分に当る。伝統的な解釈からは、序分は五つの条件から構成されるとしている。すなわち、五成就というのがそれである。①誰によってそれは聴聞されたのか。②それはいつ説かれたのか。③それは誰によって説かれたのか。④それはどこで説かれたのか。⑤その場所に居合わせた者たちは誰か、という五つの条件である。すなわち、

一、信成就……………如是我聞
二、時成就…………一　時
三、教主成就…………薄伽梵以下
四、住処成就…………欲界他化自在天宮
五、衆成就…………八十倶胝以下

と『理趣経』の序分を整理することができよう。空海の『真実経文句』(『弘大全』第一輯、七三二頁以下)には、序分に七事あり、としている。「其の通序の中に則ち七事有り。第一に「如是」とは、惣じて所聞の法躰を挙げ、第二に「我聞」とは、別して聞持の人を明かし、第三に「一時」とは、聞持和合し異時に非ざることを明かす。第四に「薄伽梵」従り以下は、聞持の所従を明かす。第五に「在於欲界」従り以下は、聞持の処を明かす。第六に「与八十倶胝」従り以下は、聞持の伴を明かす。第七に「初中後善」従り以下は、所説の教えの勝徳を歎ず」とあるのがそれである。

ここで、ついでに『理趣経』の全体についての分科を紹介しておこう。序分を説き終ったについてのかかわりからである。まず、『真実経文句』の分科は、次のごとくである。「此の経の中に就いて開いて三段とす。謂わく初めの七事を縁起分とし、次の十七章を正

一　序　　分

説分とし、後の一頌を流通分とす」と。さらに『理趣経開題（将釈此経）』（『弘大全』第一輯、七三二頁）には、「即ち、三分を釈するに、略して三段有り。初め「如是我聞」従り下も「恭敬囲繞」に至るまでは、是れ序説分なり。次に「而為説法」従り「于執金剛位」に至るまでは、是れ正説分なり。次に「爾時一切如来」従り「于信受行」に至るまでは、是れ流通分なり」とある。

『文句』	縁起分	最初より「清浄潔白」まで
	正説分	「説一切法」より最後の「当不久」まで
	流通分	「一切如来及菩薩」等の四句
『開題』	序説分	最初より「恭敬囲繞」まで
	正説分	「而為説法」より第十七段の終りまで
	流通分	「爾時一切如来」以下

と整理できよう。伝統的な真言教学の系譜において古義学派は多く『開題』説を依用し、新義学派は多く『文句』説を依用することになっているようである。

二　正宗分

第一　金剛薩埵の章

1　本説（十七清浄句法）

説二一切法清淨句門一。所謂妙適清淨句是菩薩位。欲箭清淨句是菩薩位。觸清淨句是菩薩位。愛縛清淨句是菩薩位。一切自在主清淨句是菩薩位。見清淨句是菩薩位。適悅清淨句是菩薩位。愛清淨句是菩薩位。慢清淨句是菩薩位。莊嚴清淨句是菩薩位。意滋澤清淨句是菩薩位。光明清淨句是菩薩位。身樂清淨句是菩薩位。色清淨句是菩薩位。聲清淨句是菩薩位。香清淨句是菩薩位。味清淨句是菩薩位。何以故。一切法自性清淨故。般若波羅蜜多清淨。」

一切法の清浄句門を説きたもう。謂ゆる妙適清浄の句是れ菩薩の位なり。欲箭清浄の句是れ菩薩の位なり。触清浄の句是れ菩薩の位なり。愛縛清浄の句是れ菩薩の位なり。一切自在主清浄の句是れ菩薩の位なり。見清浄の句是れ菩薩の位なり。適悦清浄の句是れ菩薩の位なり。愛清浄の句是れ菩薩の位なり。慢清浄の句是れ菩薩の位なり。荘厳清浄の句是れ菩薩の位なり。意滋沢清浄の句是れ菩薩の位なり。光明清浄の句是れ菩薩の位なり。身楽清浄の句是れ菩薩の位なり。色清浄の句是れ菩薩の位なり。声清浄の句是れ菩薩の位なり。香清浄の句是れ菩薩の位なり。味清浄の句是れ菩薩の位なり。何を以ての故に、一切の法は自性清浄なるが故に、般若波羅蜜多も清浄なり。

《句》 pada の訳語であり、句と位とに訳し分けられている。類本を見るに〃句〃・〃句義〃に訳されている場合が多い。『大日経疏』巻第一（大正三九・五八三a）には、「句とは、梵には鉢《バ》曇《ダ》と云う。正翻には足となす。声論には、是れ進行の義、住処の義なり。人の進歩するに足を挙げ、足を下す。其の足跡・所住の処を鉢曇と云う。今、此の宗に就かば、謂わく是の如き道跡を修し、次第に進修して三平等処に住することを得るが故に名づけて句となす」とある。この〃句〃・〃位〃の理解に応用すべきである。**《清浄》** viśuddha の訳語である。ここでは、空というものの積極的な表現と解すべきであろう。**《妙適》** surata の訳語で、文字の上からは男女の性交による喜びや楽しみのことを直接に表現した言葉である。以下の十六の清浄句の命題は、4×4＝16というごとく分割することができる。妙適という句によって示された世界を以下十六の場面において展開したということであろう。すなわち、欲望、それも性欲が発動してゆく順序をもって構成されているのである。《欲箭》愛欲の矢のこと。《触》男女の抱擁のこと。《愛縛》抱擁によって男女が離れがたくなること。《一切自在主》思いのままにふるまうこと。《見》欲箭の眼をもって見ること。《適悦》抱擁による喜びのこと。《愛》いつまでも離れがたい気持。《慢》満足ということ。《荘厳》身を荘厳すること。《意滋沢》意《こころ》に満足を得ること。《光明》満足によって意が明るくなること。《身楽》すべての恐れを忘れて身体《からだ》の楽しみを得ること。《色・声・香・味》自身をかざるものが色、喜びの声、愛のかおり、それらの体験が味であるということ。

〔訳〕すべての存在は本来清浄である、という教えを説かれた。すなわち、よく楽しまれた悟りの境地は、清浄である、と説かれたが、それは悟れる者の深い禅定によって確認された世界である。意《こころ》をおこし、近づき、離れがたく思い、思いのままにふるまうという ごとき悟りの境地は、清浄である、と説かれたが、それは悟れる者の深い禅定によって確認された世界である。見て、喜び、いつまでも離れがたく、満足するというごとき悟りの境地は、清浄である、と説かれたが、それは悟れる者の深い禅定によって確認された世界である。身をかざり、意に満足を得、意が明るくなり、すべての恐れを忘れて身体《からだ》の楽しみを得るというごとき悟りの境地は、清浄である、と説かれたが、それは悟れる者の深い禅定によって確認された世界である。自身をかざる色、喜びの声、愛のかおり、そして体験するというごとき悟りの境地は、清浄である、と説かれたが、それは悟れる者の深い禅定によって確認された世界である。それは、何がゆえにそうなのであろうか。それは、この世のすべての存在がその本質において清浄(=空)であり、その真実のすがたを完全に知れば、清浄でないものはないからである。

二　正宗分

『理趣経』の各類本において、「清浄句」の数は一定していない。ここでは不空訳が示すごとく十七の清浄句についての意味を考えてみる必要がある。清浄句自体には、その数を十七に限定する理由はなく、無限な清浄句の可能性が考えられるのである。では、何故に十七なのであろうか。それは次頁の「金剛界曼荼羅」の基本形をアレンジし数をあわせたことによると思われる。それは、中心尊に四方四仏、それに内・外八供養尊に四摂の菩薩たちによって構成されるものであった。

さらに、「清浄句」の主題である煩悩、それも性欲を分析して、それを清浄句として、あたかも肯定するかのごとく解することができるが、それを単純に愛欲を肯定し、それを

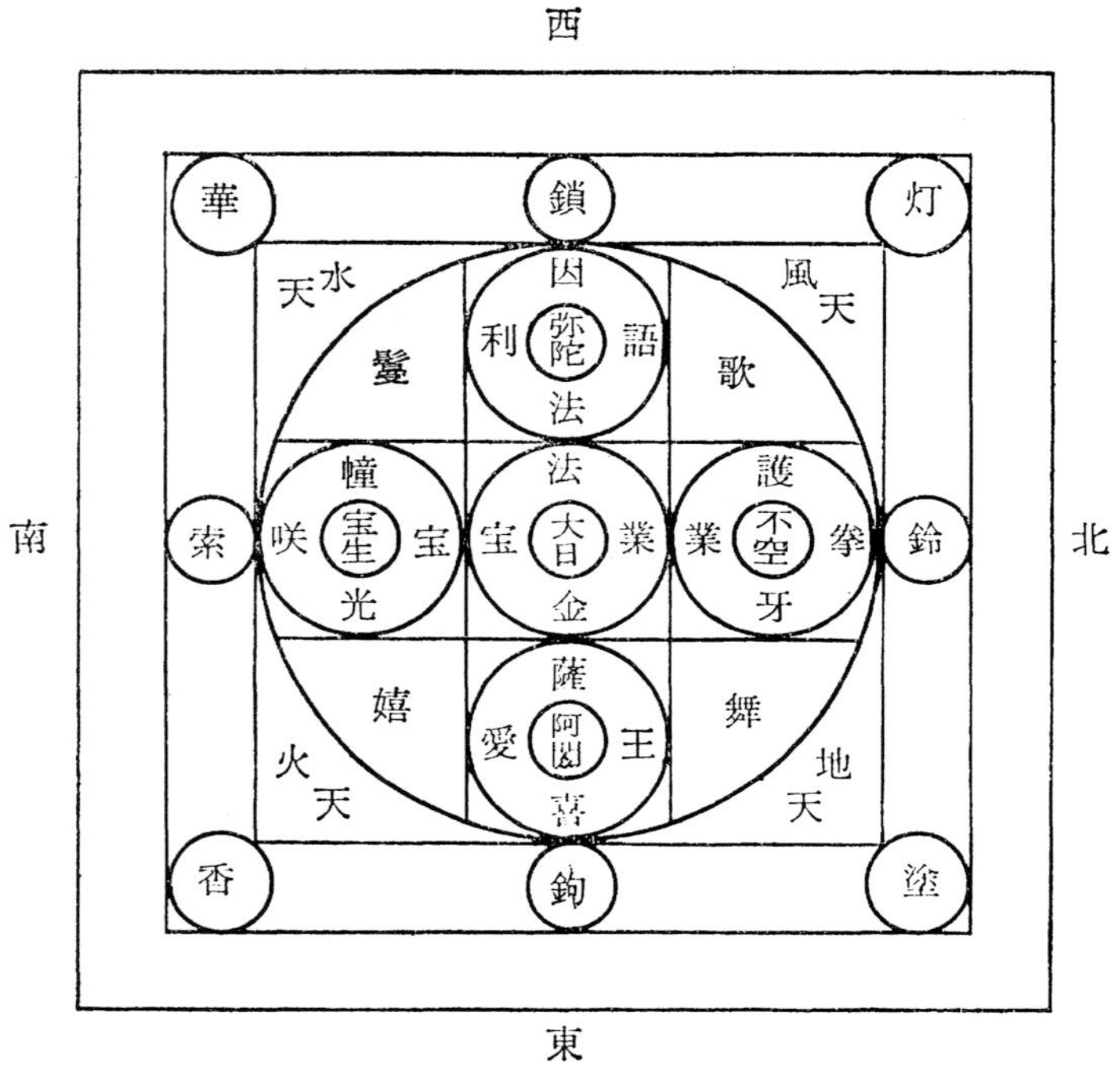

第3図　金剛界曼荼羅の基本形

讃歌したものとのみ解することは充分に注意しなければならない。煩悩は本来徹底的に否定されるべきことは、仏教の基本的な姿勢であるからである。問題の〝蘇囉多（surata）〟の語について『理趣釈』巻上（大正一九・六〇八b）に、「妙適は、即ち梵音の蘇囉多なり。蘇囉多は、世間の那羅（男）那哩（女）の娯楽の如し。金剛薩埵も亦是れ蘇囉多なり。無縁の大悲を以て遍ねく無尽の衆生界を縁じ、安楽利益を得んことを願う。心、曾《かつ》て休息することなく、自他平等無二の故に蘇囉多と名づくるのみ」とあり、『大日経疏』第十七（大正三九・七五五b）には、「梵音に蘇羅多と名づくるは、是れ著の義なり。微妙の法に著するが故に蘇羅多と名づくるなり。復次に蘇羅多とは、是れ共住安楽の義なり。謂わく妙理と共に住して現法の楽を受けるなり。復次に妙事業に楽著するが故に蘇囉多と名づくるなり。又、邪を棄て正に趣くが故に蘇囉哆と名づく。又、遍く欲求する義の故に蘇囉哆と名づく」と語義解釈をしている。実際のところ、蘇囉多の語は男女の性交そのものを指示するのであり、それ以外の何ものでもないということができる。しかし、前掲の語義解釈によって、それは単に凡夫の性交の喜びがそのまま、菩薩自内証の境地であるかのごとく肯定することは、大いなる誤謬であろう。いわば、煩悩を超克した立場からの現実に対する積極的な表現にほかならない。『理趣釈』巻上（大正一九・六〇八b）に、「瑜伽行を修する者は、生死流転に於て不染の故に、広く有情を利益する事を作す故に、速やかに無量の三摩地、解脱智慧を証するが故に、速やかに広大なる福徳の資糧を集むるが故に、一切の魔羅、毘那夜迦衆を超越す」というごとき立場から、この一切法の清浄句門が説かれているのである。

さて、この十七を数える清浄句にたいして、その各々を菩薩が内証とする瑜伽三摩地を修することによって獲得する境地であるとし、十七尊によって構成される曼荼羅にそれを深釈している。このことについては、特に『般若波羅蜜多理趣経大楽不空三昧真実金剛薩埵等一十七聖大曼荼羅義述』(不空訳)一巻がある。その冒頭(大正一九・六一七b)には、「爾の時、毘盧遮那如来、他化自在天王宮に於て諸の大菩薩等の為に、此の般若波羅蜜甚深の理趣なる十七清浄句門を説きたもう。蓋し是れ十七大菩薩の三摩地の句義なり」と述べている。そして、清浄句を菩薩の内証として、各清浄句を菩薩名におきかえている。

1、妙　適　普賢菩薩　左―金剛鈴
右―五股金剛杵

2、欲　箭　意生金剛菩薩　箭

3、触　　　髻利吉羅金剛菩薩　抱持相

4、愛　縛　悲愍金剛菩薩　摩竭魚幢

5、一切自在主　金剛慢菩薩　傲誕威儀
6、見　金剛見菩薩　意生之契
7、適　悦　金剛適悦菩薩　触金剛相
8、愛　金剛貪菩薩　悲愍之契
9、慢　金剛自在菩薩　金剛慢相
10、荘　厳　金剛春菩薩　花
11、意滋沢　金剛雲菩薩　焚香之器
12、光　明　金剛秋菩薩　燈　明
13、身　楽　金剛霜雪菩薩　塗　香
14、色　金剛色菩薩　鉤
15、声　金剛声菩薩　索
16、香　金剛香菩薩　鎖
17、味　金剛味菩薩　鈴

以上のごとく、清浄句を菩薩と、その有する三昧耶形をもって表現しており、そして、

一、大楽不空三昧真実金剛菩薩（普賢菩薩）は、「諸仏普賢の身は、器世間及び有情世

間に周徧するを表す。其の無辺・自在・理常・体寂・不妄不壊なるを以ての故に是の名有るなり。左に金剛鈴を持す。是れ適悦の義なり。腰の左に置くは大我を表す。右に五股金剛杵を持す。是れ五智の義、拳を転じて外に向かえるは衆生に示すなり」とある。

二、意生金剛菩薩は、「大悲の欲箭を以て二乗の心を害す。手に是の箭を持する所以なり。而も其の欲離倶幻の平等智身を現ず」。

三、髻離(利)吉羅金剛菩薩は、「中国の言に於ては触と名づく。衆生を捨てずして必ず解脱せしむるを以ての故に、触性は即ち菩提なるを明かさんと欲するが故に、抱持の相に住する所以なり。而して其の触浄倶幻の平等智身を現ず」。

四、悲愍金剛菩薩は、「悲愍を以ての故に、愛念の縄を以て普く衆生を縛し、未だ菩提に至らざれば終に放捨せず、亦、摩《ま》竭《かつ》大魚の呑啗に遇う所の如く、一たび口に入り已らば便に免るる者無し。此の摩竭魚の幢を持する所以なり。而して其の愛縛捨離倶幻の平等智身を現ず」。

五、金剛慢菩薩は、「無過上智を以て一切の衆生をして悉く毘盧遮那如来の体を証し、世出世間に於て皆自在を得せしむ。傲誕の威儀に住する所以なり。而して其の我無我倶幻の平等智身を現ず」。
六、金剛見菩薩は、「寂照大慧の眼を以て雑染界・浄妙土、乃至真諦・俗諦に於て、唯し一切法の勝義真実の諦を見て散せず動ぜず、意生の契を持する所以なり。而して其の三昧の身を現ず」。
七、金剛適悦菩薩は、「身塵に於て適悦清浄を得、生死・解脱に於て厭わず住せず。触金剛の相を持する所以なり。而して其の三昧の身を現ず」。
八、金剛貪菩薩は、「即ち貪愛にして而も清浄を得るが故に、遂に能く貪を以て一切の功徳智慧を積集し、疾く菩提を証す。貪愛の性に住するに由るが故に、悲愍の契を持する所以なり。而して其の三昧の身を現ず」。
九、金剛自在菩薩は、「三界に出入して自在無畏なり。生死涅槃に於て大我の体を得、金剛慢の相に住する所以なり。而して其の三昧の身を現ず」。
十、金剛春菩薩は、「能く菩薩の覚花を以て供養雲海を起し、亦方便を以て衆生に授与して功徳の利を作す。花は春の事なるを以て遂に以て之に名づく。故に亦花を持して以て其の契と為す」。
十一、金剛雲菩薩は、「能く法沢滋雲を以て含識を滋潤し、亦方便を以て諸の身心に授け、無始無明の臭穢不善をして無量の供養香雲を化成せしむ。鑪煙像雲を以て遂に以て号と為す。故に焚香の器を持して以て契と為す」。

十二、金剛秋菩薩は、「常に智燈を以て諸の黒暗を破し、亦方便を以て衆生に授与し、無量光明の供養雲海を起し、其の空色の清爽黄なること秋時の如くなるを以て、智光の体を表さんと欲し、遂に以て之に名づく。故に燈明を執りて以て其の契と為す」。

十三、金剛霜雪《そうせつ》菩薩は、「よく五無漏の蘊香を以て衆生の心体に塗り、煩悩の穢熱を滅して五分法身の香を成ず。亦方便を以て衆生に授与して塗香供養の雲海を起し、栴檀塗香を以て諸の毒熱を解す。霜雪に似るところ有れば遂に以て之に名づく。故に塗香を執りて以て其の契と為す」。

十四、金剛色菩薩は、「色清浄の智を以て浄妙界に於て受用色身を起し、雑染界に於て変化色身を起して而も摂来の事を為す。故に鉤を持するを以て契と為す」。

十五、金剛声菩薩は、「声清浄智を以て能く六十四種の梵音法界に普周して引入の事を為すことを表す故に、索を持して以て契と為す」。

十六、金剛香菩薩は、「香清浄智を以て金剛界自然名称の香を発し、一切の散動心に入りて以て止留《しる》の事を為す。故に鎖を持するを以て契と為す」。

十七、金剛味菩薩は、「味清浄智を以て瑜伽三摩地の無上法味を持し、以て歓楽の事と為す。故に鈴を持して契と為す」。

と説明している。要するに、十七清浄句の世界は、大菩薩の十七清浄三摩地智であるというのである。さらに、『理趣釈』巻上（大正一九・六〇九c）では、oṃ mahāsukha-vajra-satva jaḥ hūṃ vaṃ hoḥ suratas tvaṃ（オーン、大楽金剛薩埵よ、ジャフ〔金剛鉤菩薩〕・フーム〔金剛索菩薩〕・ヴァム〔金剛鎖菩薩〕・ホーフ〔金剛鈴菩薩〕、汝は妙適である）の真言を一音節ずつに分解して十七字とし、各々十七尊に当てはめている。

(oṃ) 唵——金剛薩埵
(ma) 摩——欲金剛
(hā) 賀——金剛悦喜
(su) 蘇——愛金剛
(kha) 佉——慢金剛
(va) 嚩——意生金剛
(jra) 日囉——金剛髻離吉羅
(sa) 娑——愛金剛

(tva) 多嚩——金剛傲
(jaḥ) 弱——春金剛
(hūṃ) 吽——雲金剛
(vaṃ) 鑁——秋金剛
(hoḥ) 穀——冬金剛
(su) 蘇——色金剛
(ra) 囉——声金剛
(ta) 多——香金剛
(stvaṃ)薩多鑁——味金剛

とし、この十七の密言は、十七菩薩の種子であり、これによって曼荼羅を構成するのである。

次に安立の次第を説かむ。曼荼羅を分たば中央に九位あり。外院に更に一重を加う。

中央に金剛薩埵を安《お》くべし
前に欲金剛を安くべし
右の辺りに髻離吉羅を安くべし

後に愛楽金剛を安くべし
左の辺りに金剛慢を安くべし
右の辺りの前の隅　意生金剛を安くべし
左の辺りの後の隅　髻離吉羅を安くべし
左の辺りの後の隅　愛金剛を安くべし
左の辺りの前の隅　傲金剛を安くべし

以て次の外院には前の如く次第に四隅に安布して、
　春金剛
　雲金剛
　秋金剛
　冬金剛
外院の前には、
　色金剛
右　声金剛

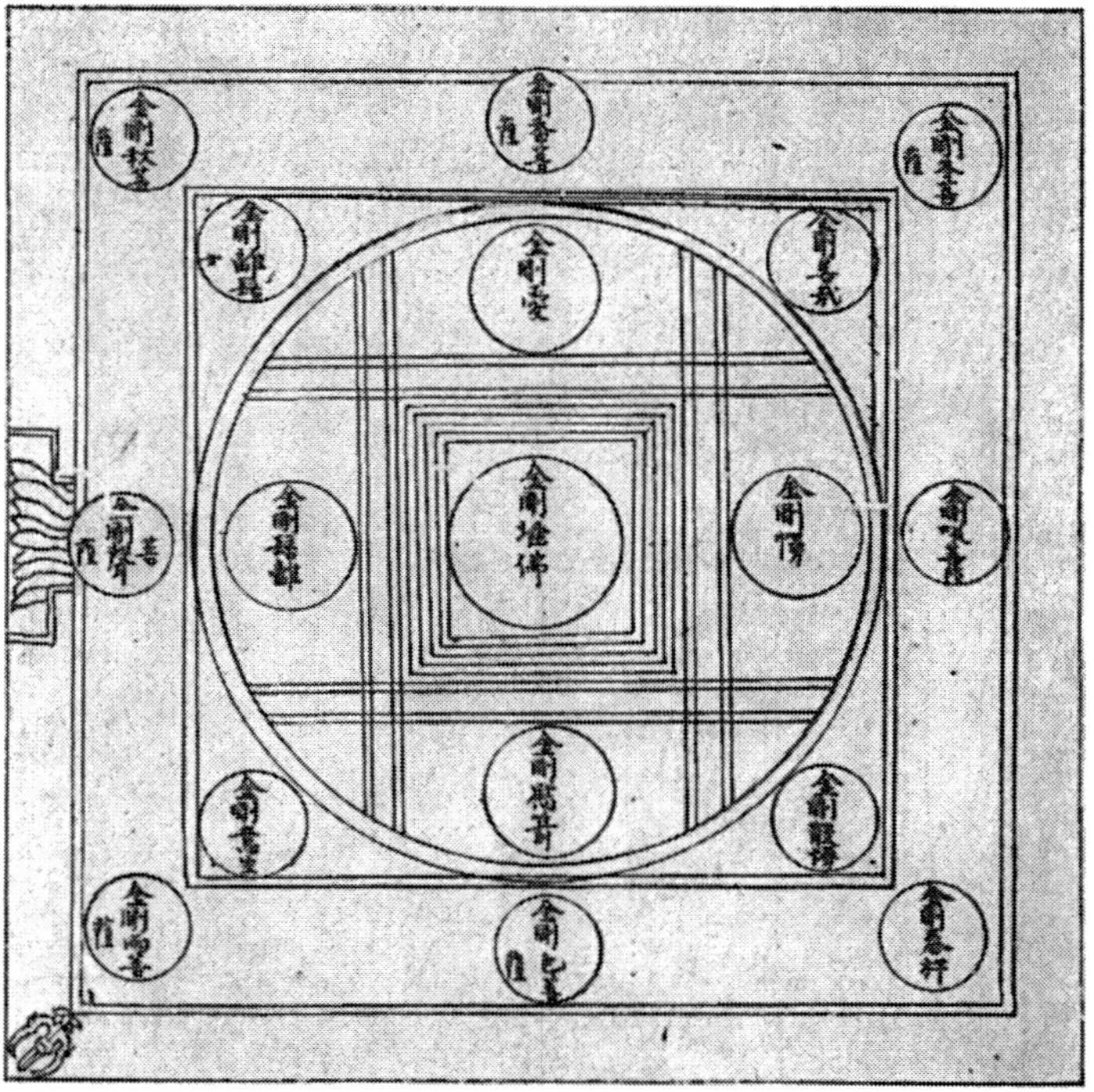

第４図　金剛薩埵壇（大正新脩大蔵経図像12巻所収）

第５図　補陀洛院版の大楽曼荼羅

後　香金剛
左　味金剛

既に安布し已て則ち修行者三昧耶等の印を結んで本尊の瑜伽を成し、四処を加持して五方の仏をもて灌頂し、被甲し、四字の明を誦して召かしめ、入らしめ、縛せしめ、歓喜せしむ。

そして、曼荼羅を安布し終って、大楽不空真実修行瑜伽儀軌と称する成就法を説いている。すなわち、「修行者は三昧耶等の印を結んで、本尊の瑜伽を成じ、四処を加持し、五方仏を灌頂、被甲し、四字の明を誦して召入せしめ、縛せしめ、歓喜せしむ。閼伽《あか》を献じて即ち四智印と相応し、三摩地に入って念誦す。或いは瑜伽師は中位に坐して、三摩地中に前の如く布列す。即ち十七字の真言を誦して、心に一々の理趣の清浄句を縁じて、一々の理趣門に入り、法界に遍周し、乃至第十七位に周くして復《ふたた》び始む。心を以て三摩地を得るを限りとす」とあるのがそれである。要するに、妙適の内容を4×4＝16と分解し、それを十七尊の内証であるとし、さらに曼荼羅を構成し、それによる成就法たる瑜伽儀軌にまで展開していることは、大乗経典の儀軌化、あるいは密教化の過程を示すものとして重要であろう（拙著『理趣経の研究』〔昭和六十二年〕六一頁参照）。

以上のごとく、十七清浄句によって表された「理趣般若」の思想が、十七尊の内証を示すものと深釈され、さらにそれが〈オーン・マハースックハ……〉の陀羅尼に重釈されているのである。このことについては、拙著『理趣経の研究』所収の、「金剛薩埵儀軌類の考察」を参照のこと。

さて、経典内容の曼荼羅化や、陀羅尼の説示による重説は、曼荼羅的表現形式を多様化したということができよう。『理趣釈』巻上（大正一九・六一〇a）において、四種による曼荼羅の表現形式を定規している。要するに、「若し一々の菩薩の本形を画かば、即ち大曼荼羅を成ず。若し本の聖者の執持する所の幖幟《ひょうじ》を画かば、即ち三昧耶曼荼羅を成ず。前の種子の字の如く各々本位を書かば、即ち法曼荼羅と名づく。各々本形を鋳して本位に安んずれば、即ち羯磨曼荼羅を成ず」とあるのがそれで、それ以前に、「一切曼荼羅」なる語を解して、「本部の四種曼荼羅、一には大曼荼羅、二には三昧耶曼荼羅、三には法曼荼羅、四には羯磨曼荼羅に於て、この四種曼荼羅を以て瑜伽の一切の曼荼羅を摂す」とあるのを解釈したものである。また、このことは、そっくり空海によって踏襲されている。『即身成仏義』（『弘大全』第一輯、五一二頁）に、「若し金剛頂経の説に依らば、四種曼荼羅とは、一には大曼荼羅、謂わく一々の仏菩薩の相好の身なり。又、其の形像を綵画《さいが》するを大曼荼羅と名づく。又、五相を以て本尊の瑜伽を成ずるなり。又、大智印と名づく。二には三昧耶曼荼羅、即ち所持の幖幟・刀剣・輪宝・金剛・蓮華等の類、是れなり。若し其の像を画する亦是れなり。又、二手を以て和合し、金剛縛を発生し印を成ずる是れなり。亦、三昧耶智印と名づく。三には法曼荼羅、本尊の種子真言なり。若し其の種子の字を各々本位に書く、是れなり。又、法身の三摩地及び一切の契経の文義等、皆是れなり。亦、法智印と名づく。四には羯磨曼荼羅、即ち諸仏菩薩等の種々の威儀、事業、若しは鋳、若しは埋等、亦是れなり。亦、羯磨智印と名づく」とあるがごとくである。

要するに、諸仏菩薩の形像を綵画して示すものを大曼荼羅。手に持する幖幟、すなわち印契等を含めた表現が三昧耶曼荼羅、各尊を種子真言をもって示す形式が法曼荼羅、立体的な仏像をば、羯磨曼荼羅ということであろう。

2　利益（滅罪と生善）

金剛手。若有レ聞二此清浄出生句般若理趣一。乃至二菩提道場一。一切蓋障及煩悩障法障業障。設廣積集必不レ墮二於地獄等趣一。設作二重罪一銷滅不レ難。若能受持日日讀誦作意思惟。即於二現生一證二一切法平等金剛三摩地一。於二一切法一皆得二自在一。受二於無量適悦歡喜一。以二十六菩薩生一。獲二得如來及執金剛位一。

金剛手よ、若し此の清浄を出生する句たる般若理趣を聞くこと有らば、乃ち菩提道場に至りまで一切の蓋障及び煩悩障・法障・業障を、設え広く積集すとも必ず地獄等の趣に堕せず。設え重罪を作るも銷滅せんこと難からず。若し能く受持して日日に読誦し、作意し思惟せば、即ち現生に於て一切法平等の金剛の三摩地を証し、一切の法に於て皆な自在を得て、無量の適悦歓喜を受け十六菩薩生を以て、如来と及び執金剛との位を獲得す。

《菩提道場》　ボーディ・マンダの訳で、釈尊が三十五歳でブッダガヤーの菩提樹の下で成道した、そのさとりの場のこと。ここでは、さとりの場所、さとりの時の意味である。**《蓋障》**煩悩の総称。**《煩悩障》**さとりへの障げとなる煩悩のさわりのこと。**《法障》**正しい教えを聞くことのできないさわり。**《業障》**悪い行為によって生じたさわり。**《三摩地》**サマーディの音写で、深い瞑想の境地。**《十六菩薩生》**この語は多く金剛界曼荼羅上の十六大菩薩のことであると解される。すなわち、阿閦如来をとりかこむ金剛薩埵・金剛王・金剛愛・金剛喜。宝生如来をとりかこむ金剛宝・金剛光・金剛幢・金剛笑。無量寿如来をとりかこむ金剛法・金剛利・金剛因・金剛護。不空成就如来をとりかこむ金剛業・金剛護・金剛牙・金剛拳で、それらの十六大菩薩の内証を十六の修行階梯としてとらえるのである。**《執金剛》**金剛堅固なる菩提心を標幟している五鈷金剛杵を手にする菩薩の境地のこと。十六大菩薩生については、拙著『理趣経の研究』所収の『理趣経』の成仏論―特に十六大菩薩生をめぐって―」（三六七頁以下）、「真言密教における十六生成仏論」（四〇三頁以下）の論考を参照のこと。

〔訳〕金剛手菩薩（堅固なる菩提心の体現者）よ、もしも、この〈すべてはみな清浄でないものはない〉というさとりを実現せしめるところの〈さとりへの導き〉という教えを聞くことがあれば、さとりの場にいたりつくあいだに、いつのまにかもっているさわりや、むさぼり、いかりなどの悩み、おろかな自我意識が正しい智慧をみずからとざしてしまうようなおもいあがり、悪い行為によるむくいなどを多く積みあげたとしても、それによって決して地獄におちこんでしまうことはない。それよりももっと重い罪をおかしても、その報いを消し去ってしまうことは、決してむずかしいことではない。さらに、この教えを忘れず、たえず心にとめ、日々にとなえ、その教えの言葉をおぼえ、たえず思惟することによって、この世の寿命のうちに、〈すべてのものは、そのままが清浄である〉という確固とした境地を獲得し、それらの境地に自由自在なることを得ることによって、はかりしれない楽しみと喜びを受け、十六の大菩薩によってあらわされている深い禅定をあますことなく体験し、金剛のごとく堅固なる如来およびそれを標幟する五鈷金剛杵を手にする境地をば、わがものとすることができるのである。

この部分は、『理趣経』の功徳を説いている。その一つは、滅罪であり、もう一つは生善である。すなわち、地獄に堕すことはない、ということと、歓喜を得るということである。文中の、一切蓋障を、後の煩悩障・業障・法障をくるものであると解する仕方がある。

それを『大日経疏』巻一（大正三九・五九〇a）に「障りに五種有り。一には煩悩障、謂わく根本の煩悩、乃至八万四千の上中下品の障りは、浄心を蓋い、及び宿世の偏習に由るが故に道機を妨礙して仏法に入らず。二には業障、謂わく過去及び現在世に、諸の重罪を造り、乃至方等経を謗るや。是の人は得道の因縁有りと雖も、先の業障、未だ除かざるが故に、種々の留難ありて仏法に入らず。三には生障、謂わく是の人、若し勝上無難の生処を得れば、必ず当に道を悟るべし。然れども前業に乗じて、更に無暇之身を受く。即ち報生を障りとするを以て仏法に入らず。四には法障、謂わく此の人、已に無障の生処を得、又悟道の機あれども、先世に曾て障法等の縁あるを以ての故に、善友に遇わず、正法を聴聞することを得ず。五には所知障、謂わく此の人、乃至善知識に遇うて正法を聞くことを得る。然れども種々の因縁有りて、両不和合にして般若波羅蜜を修することを妨ぐ。……亦是れ先世に、或いは曾て他の道機を差《たが》えしが故に、憙んで此の障りを生ず」と説かれる。〈五障〉と関係づけてみるに

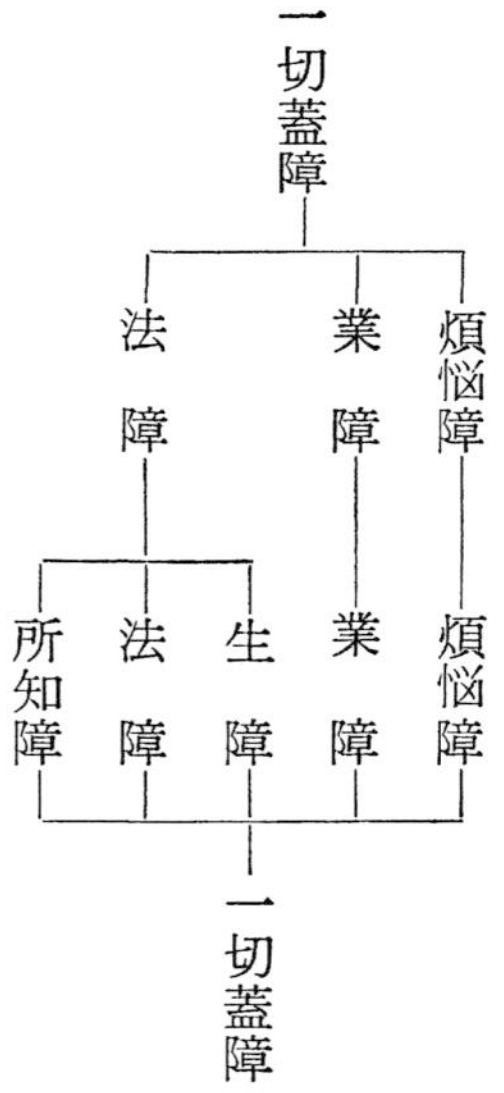

となるであろう。また、受持・読誦・作意・思惟は、『般若経』によく説かれる実践行たる〃十法行〃であると考えられる。すなわち、①書写、②供養、③施他、④諦聴、⑤披読、⑥受持、⑦開演、⑧諷誦、⑩修習《しゆじゆう》である。さて、ここで十六大菩薩生について考察する必要がある。『理趣釈』巻上（大正一九・六〇九b）には、「聞及び修に由って、不染にして、諸の不善、異熟の業を受けず、世間出世間の殊勝の悉地を獲得す。即ち十六大生に於て、金剛薩埵等乃至金剛拳菩薩と作り、最後身に便ち毘盧遮那身と成るなり」とあり、金

剛界曼荼羅上の十六大菩薩の金剛薩埵から金剛拳にいたる十六位の修行過程と解しているようである。このような理解の仕方は、『金剛頂瑜伽中発阿耨多羅三藐三菩提心論』（大正三二・五七四a）に、「凡そ、月輪に一十六分有り、瑜伽の中の金剛薩埵より金剛拳に至るまで十六大菩薩有るに喩う。五方の仏位に各《おのおの》一智を表す。東方の阿閦仏は、大円鏡智を成ずるに由って、亦は金剛智と名づく。南方の宝生仏は、平等性智を成ずるに由って、亦は灌頂智と名づく。西方の阿弥陀仏は、妙観察智を成ずるに由って、亦は蓮華智と名づけ、亦は転法輪智と名づく。北方の不空成就仏は、成所作智を成ずるに由って、亦は羯磨《かつま》智と名づく。中方の毘盧遮那仏は、法界智を成ずるに由って本とす。已上の四仏智より四波羅蜜菩薩を出生す。四菩薩は即ち金・宝・法・業なり。三世一切の諸の聖賢、生成養育の母なり。ここに印成せる法界体性の中より四仏を流出す。四方の如来に各四菩薩を摂す。東方の阿閦仏に四菩薩を摂す。金剛薩埵・金剛王・金剛愛・金剛善哉を四菩薩とす。南方の宝生仏に四菩薩を摂す。金剛宝・金剛光・金剛幢・金剛笑を四菩薩とす。西方の阿弥陀仏に四菩薩を摂す。金剛法・金剛利・金剛因・金剛語を四菩薩とす。北方の不空成就仏に四菩薩を摂す。金剛業・金剛護・金剛牙・金剛拳を四菩薩とす。四方の仏の各四菩薩を十六大菩薩とす。三十七尊の中に於て五仏・四波羅蜜及び後の四摂・八供養を除いて、

但し十六大菩薩の四方の仏の所摂たるを取る」と。この構造を図解すれば、

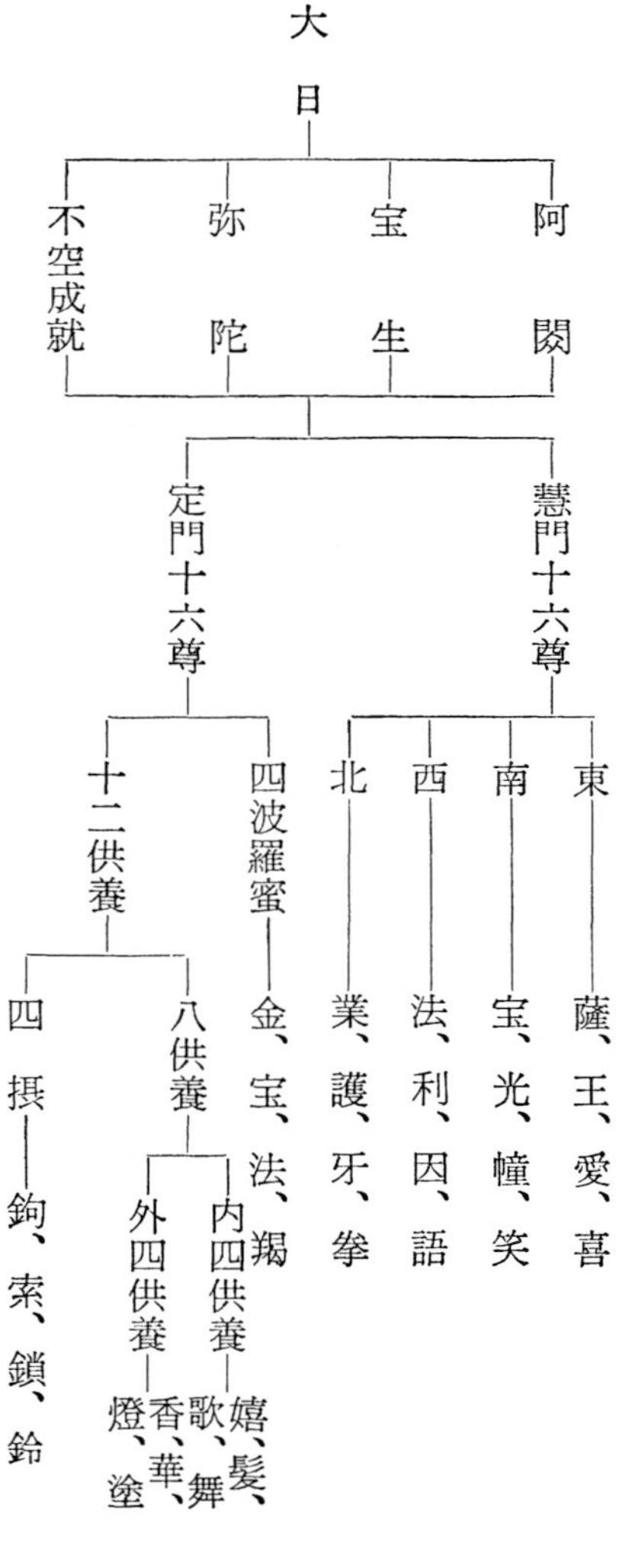

とある内の、慧門十六が、すなわち十六大菩薩のことであろう。三十七尊による諸尊構成の上から、四方仏をとりまく4×4＝16の大菩薩は、各々の中心の仏の内容であり、四方の仏は、中心大日如来の内容であるということより、四方四仏をとりまく十六大菩薩の内証を修行者が体得して、やがて中心大日如来と一体となろうとすることの〈十六大菩薩〉ということであったろう。このことは、例えば、『大日経疏』巻二（大正三九・六〇五b）

に、菩薩の修行階梯である十地について、「然も此の経宗は、初地より即ち金剛宝蔵に入ることを得るが故に、華厳の十地経の一々の名言は、阿闍梨の所伝によらば、皆須らく二種の釈をなすべし。一には、浅略釈、二には深秘釈なり。若し是の如くの密号に達せずして、但し文に依って之を説かば、則ち因縁の事相は、十住品に往き渉る。若し金剛頂の十六大菩薩を解せば、自ら当に証知すべし」とあるがごとくである。このように〈十六大菩薩〉ということを、行的な修行構成と解することの実際を示しえたが、しかし、「理趣般若」の成立過程をふまえて再考すると、もっとも原初的な形体を有する玄奘（六〇〇―六六四）訳の『般若波羅蜜多理趣分』の中にある〝十六大菩薩生〟の語をも、前述のごとき理解の中にとどめることはできないはずであろう。金剛界三十七尊曼荼羅の典拠となっている『初会金剛頂経』の成立は、それ以前でありえないからである（詳しくは、「『理趣経』の成仏論—特に十六大菩薩生をめぐって—」〔拙著『理趣経の研究』所収〕を参照のこと）。

3 再説

時薄伽梵。一切如來大乘現證三麽耶一切曼荼羅持金剛勝薩埵。於二三界中一。調伏無レ餘一切義成就金剛手菩薩摩訶薩、爲レ欲三重顯二明此義一故。熈怡

微笑。左手作㆓金剛慢印㆒。右手抽㆓擲本初大金剛㆒。作㆓勇進勢㆒。説㆓大樂金剛不空三麽耶心㆒。吽引

時に薄伽梵《ばかぼん》、一切如来の大乗現証三麽耶の一切曼荼羅の持金剛の勝薩埵にして、三界の中に於て調伏して余無く、一切の義を成就したまえる金剛手菩薩摩訶薩は、重ねて此の義を顕明せんと欲するが為の故に、熙怡《きい》し微笑して、左の手に金剛慢の印を作し、右の手に本初の大金剛を抽擲《ちゅうちゃく》して勇進《ゆうしん》の勢《いきお》いを作し、大楽金剛不空三麽耶の心を説きたもう。吽引

《薄伽梵》世尊のこと。ここでは、大日如来をさす。**《大乗現証三麽耶》**この般若の教えを瑜伽行の中において現証し、平等になったこと。**《持金剛の勝薩埵》**金剛杵を持する勝れた薩埵で、金剛手菩薩の別名である。**《金剛慢の印》**金剛拳の印ともいう。親指を内に握って拳をつくるごとくにする印契のこと。**《吽引》**hūṃ の音字である。

〔訳〕　時に、世尊はすべての如来《ほとけ》たちの大いなる教えを現にさとり、それと一つになっているすべての曼荼羅上の諸尊のなかでももっとも勝れたる菩薩であり、すべての世界の悪をたいらげ尽し、すべての目的を完成された金剛堅固なる菩提心の体現者は、ふた

たび十七清浄句の教えを明らかにするために、顔をやわらげ微笑して、左手を拳にして腰にあて、左手に本来有している菩提心をあらわす金剛杵を握り、それを少しうごかし、勇みすすむいきおいを示して、さとりの大いなる楽しみが金剛のごとくゆるぎがなく、そして空《むな》しくないことをあらわす、吽（フゥーム）という真言に、自己の真実なる心をこめて説かれた。

ここに、金剛薩埵の別名が説かれている。「一切如来の大乗現証三麼耶の一切曼荼羅の持金剛の勝薩埵」、「三界の中に於て調伏して余無く、一切の義を成就したまえる金剛手菩薩摩訶薩」がそれである。前者は自証、後者は化他の徳を各々あらわしたものであろう。

次に「大楽金剛不空三麼耶心」と称する真言〝吽引〟が説かれる。この真言の理解を『理趣釈』巻上（大正一九・六〇九c）に見るに、「本誓の心真言吽字は、因の義。因の義とは、謂わく菩提心を因となす、即ち一切如来の菩提心なり。亦是れ一切如来の不共の真如の妙体、恒沙の功徳、皆此れ従り生ず」とあるごとく、吽引（hūṃ）のhは、hetu（因）のhから、このように解すると思われる。さらに、「此の一字に四字の義を具す（hūṃをh・a・u・mの四音節に分解すること）。且《しばら》く賀字（h）を以て本体となし、賀字は阿字（a）より生ず。阿字に由って一切の法は本不生なるが故に、一切の法の因は不可得なり」と因の不可得にして、一切法の本不生を確認して、「其の字の中に汚声（u）あり。汚声とは、一切の法の損減不可得なり。其の字の頭上に円点と半月有り、即ち謂わく麽字（m）は、一切の法の我の義不可得なり。我に二種あり、謂ゆる人我・法我にして、此の二種は皆是れ妄情の所執なり。名づけて増益の辺となす。若し損減・増益を離るれば、即ち中道に契う」と結論する。ここでの所説は、空海の『吽字義《うんじぎ》』撰述の重要な根拠となっていることに注意を払っておきたい。

ともかく、この〝吽引〟という真言にこめられた真実なるものは、一切法、すなわちすべての存在するものは、その原因をどのように尋ねても不可得である、という大乗仏教以来その思想の中心であった空観の中味の確認であったということであろう。よって損減も、増益もその相対性を越えて中道に契うということは、本不生といわれるものにほかならない。実に、このような意味が〝吽引〟の字にこめられており、それはむろんのこと「十七清浄句《くしょう》」によって提示された世界と同一なものであるにちがいない。ここでは、ウームと口誦することにその重要性を示しているのである。

第二　毘盧遮那の章

1　四出生法とその曼荼羅

時。薄伽梵毘盧遮那如來。復説二一切如來寂靜法性。現等覺出生般若理趣一。

時に薄伽梵、毘盧遮那如来は、復た一切如来の寂静法性の現等覚を出生する般若理趣を説きたもう。

《毘盧遮那如来》 vairocaṇas tathāgata 教主である。前段は教主が金剛薩埵であったが、それは、毘盧遮那如来が金剛薩埵の三昧に入られた姿であるとする。**《寂静法性》** 悟りの世界そのもの。**《出生》** nirhāra の訳語。引き出す、出現する、完成するというごとき意味である。

〔訳〕その時、世尊大毘盧遮那如来は、またすべての如来の悩みをはなれ、法そのものとなった完全なる悟りを完成するところの智慧の教えを説かれた。

本経の教主は、大毘盧遮那如来であることはいうまでもない。その説法を聴聞する八大菩薩が、それ以後の各段の教主として登場してくることは前説したとおりである。この章の大毘盧遮那如来について、『理趣釈』巻上（大正一九・六一〇b）では、「毘盧遮那如来は、遍照と名づく。報身仏は、色界の頂の第四禅色究竟天に於て等正覚を成じ、諸の菩薩の為に四種の自証・自覚聖智を説き、四種の菩提を説く」としている。要するにこの毘盧遮那如来は、色界の頂上の第四禅色究竟天において等正覚をとげた報身仏としての大毘盧遮那如来であるというのである。この報身仏は、顕教でいわれる意味ではなく、行者が修行してさとり大日如来となった智法身のそれであると解する。その点で、初段の教主としての大日如来と相違するわけである。後になって、本有の大日、修生の大日というようにいわれてくるわけであるが、智法身とは、理法身にくらべてより具体性をもった大日如来であろう。

所レ謂金剛平等現等覺。以二大菩提金剛堅固一故。義平等現等覺。以二大菩提一義利一故。法平等現等覺。以二大菩提自性清淨一故。一切業平等現等覺。以二大菩提一切分別無分別性一故。

謂ゆる金剛平等の現等覚なり、大菩提は金剛堅固なるを以ての故に。義平等の現等覚なり、大菩提は一義利なるを以ての故に。法平等の現等覚なり、大菩提は自性清浄なるを以ての故に。一切業平等の現等覚なり、大菩提は一切分別は無分別性なるを以ての故に。

《金剛平等・義平等・法平等・一切業平等》 大日如来の現等覚の内容である四種の平等である。金剛平等→金剛堅固、義平等→一義利、法平等→自性清浄、一切業平等→一切の分別は無分別性、というごとく説明されている。このことを、那須政隆博士は、不動性・価値性・智慧性・行為性といいかえている（『理趣経達意』七九頁参照）。

〔訳〕 いうところの、金剛のごとく不壊であり平等であるのが完全なるさとりである、大いなるさとりは金剛のごとく堅固なものであるからである。道理と平等であるのが完全なるさとりである、大いなるさとりは根本的な道理そのものであるからである。存在するもののすべては真実と平等であるのが完全なるさとりである、大いなるさとりは本来その本質は清浄であるからである。あらゆるはたらきと平等であるのが完全なるさとりである、大いなるさとりはあやまった分別を完全にこえているからである。

ここに述べられている大日如来の現等覚の内容は、それがそのまま大日如来そのものの内容であることはいうまでもない。そして、同時に我々が本来有する仏心の開発をも示しているということができる。『理趣釈』巻上（大正一九・六一〇b）には、まず金剛平等の現等覚について、「如来の浄阿頼耶は大円鏡智に相応することに由って、堅固なる無漏の三摩地を証得し、能く無始の無明地、微細の煩悩を浄めたもう」と述べている。また、義平等の現等覚について、「第七無漏の末那は、第八浄阿頼耶識中の無漏の種子と能縁・所縁が平等にして能取・所取を離るるが故に、平等性智を証得し、其の衆生に随って愛楽身を流出す。衆色の摩尼の如くなるに由って、能く無辺の有情の義利を作したもう」と述べている。法平等の現等覚について、「猶し如来の清浄の意識は、妙観察智と相応し、一切法の本性の清浄を証得し、浄妙の仏国土に於て、諸の菩薩の為に能く無上の法輪を転じたもう」。さらに、一切業の現等覚について、「如来の無漏の五識は、成所作智と相応することによって、三業を現じて化し、浄妙の国土及び雑染の世界に於て、任運に無功用、無分別にして、仏事、有情事を作したもう」としている。同趣旨のことは、例えば、『金剛頂瑜伽三十七尊出生義』不空訳（大正一八・二九八a）に次のごとくいう。「是れを以て大円鏡智に由って、厥《ここ》に金剛平等性の現等覚身有り、則ち塔中方の東の阿閦如来なり。平等性智に由って、厥に平等の現等覚身有り、即ち塔中方の南の宝生如来なり。妙観察智に由って、厥に法平等の現等覚身有り、即ち塔中方の西の阿弥陀如来なり。成所作智に由って、厥に業平等の現等覚身有り。即ち塔中方の北の不空成就如来なり。四如来智に由って、四波羅蜜菩薩を出生す。蓋し三際の一切の諸の聖賢の為の生成養育の母と為る。是に於て法界体性智の自受用身を印成す。即ち塔の正中の毘盧遮那如来なり」と。さらに不空説の『金剛頂瑜伽略述三十七尊心要』（大正一八・二九一c以下）に「爾の時、毘盧遮那如来、須弥盧頂より金剛摩尼宝楼閣に至り已って、金剛界如来は、一切如来の加持を以て、一切如来の獅子座に於て一切の面を安立せり。時に大菩提心、不動如来。大福徳聚、宝生如来。三摩地妙法蔵、観自在王如来。毘首羯磨成就一切事業、不空成就如来。一切如来の自身を加持し、婆伽梵釈迦牟尼如来は、一切平等に善く通達せるが故に、一切方を平等に四方を観察して坐せり。

夫れ修行者の初発信心は、以て菩提心を表す。……此れ東方阿閦如来は金剛部を表すなり。即ち大円鏡智是れなり。次に当に南方福徳聚宝生如来を礼すべし。……此れ乃ち宝生如来、宝部の摂する所なり。即ち平等性智なり。次に西方阿弥陀如来を礼すべし。……此れ乃ち西方法部の摂する所なり。即ち妙観察智なり。次に北方不空成就如来を礼すべし。……此れ乃ち業部の摂する所なり。即ち成所作智なり。……其の中方の毘盧遮那仏は、即ち如来部なり。報身円満し、万徳荘厳して、須弥盧頂の宝楼閣大摩尼宝殿に於て、金剛台に坐し、等正覚を成じ、衆魔を降伏す。……此の大菩提は五智円満す。即ち毘盧遮那如来、真如法界智なり。中位に処するなり」とある。

これらの所説をまとめてみると、次のごとくになるであろう。

毘盧遮那如来のさとり─┬─金剛平等──大円鏡智──阿閦如来
　　　　　　　　　　　├─義 平 等──平等性智──宝生如来
　　　　　　　　　　　├─法 平 等──妙観察智──阿弥陀如来
　　　　　　　　　　　└─業 平 等──成所作智──不空成就如来

これは、金剛界曼荼羅の四仏の誓願や智慧を前提としていることに注意しておきたい。

『理趣釈』巻上（大正一九・六一〇c）における、曼荼羅記述と、その図示をあげてみれば、修行者、応に曼荼羅を建立すべし。

中央は毘盧遮那仏、月輪を背にし頭冠に瓔珞あり。身に軽繒の衣を著し、智拳印を結び師子座に坐せり。身は月殿の如し。

毘盧遮那仏の前に金剛薩埵菩薩あり。月輪を背にし五仏の冠を戴き、右の手に金剛杵を持し、左の手に鈴を持す。半跏して而も坐す。

毘盧遮那仏の右の辺りに虚空蔵菩薩あり。月輪を背にして右の手に金剛宝を持し、左の手は施願にして半跏して而も坐す。

毘盧遮那仏の後に観自在菩薩あり。左の手に蓮華を持し、右の手は華を開敷する勢いにす。亦半跏して而も坐せり。

毘盧遮那仏の左の辺りの月輪に於て金剛羯磨菩薩あり。二手に旋舞を作して頂上に於て置く勢いなり。内の四隅には四の内供養を安《お》け。各々に本形の如し。

外の四隅には外の四供養を置く。各々に本供養の具を持せり。四門には鉤・索・鎖・鈴の菩薩を置け。各本威儀に住せり。

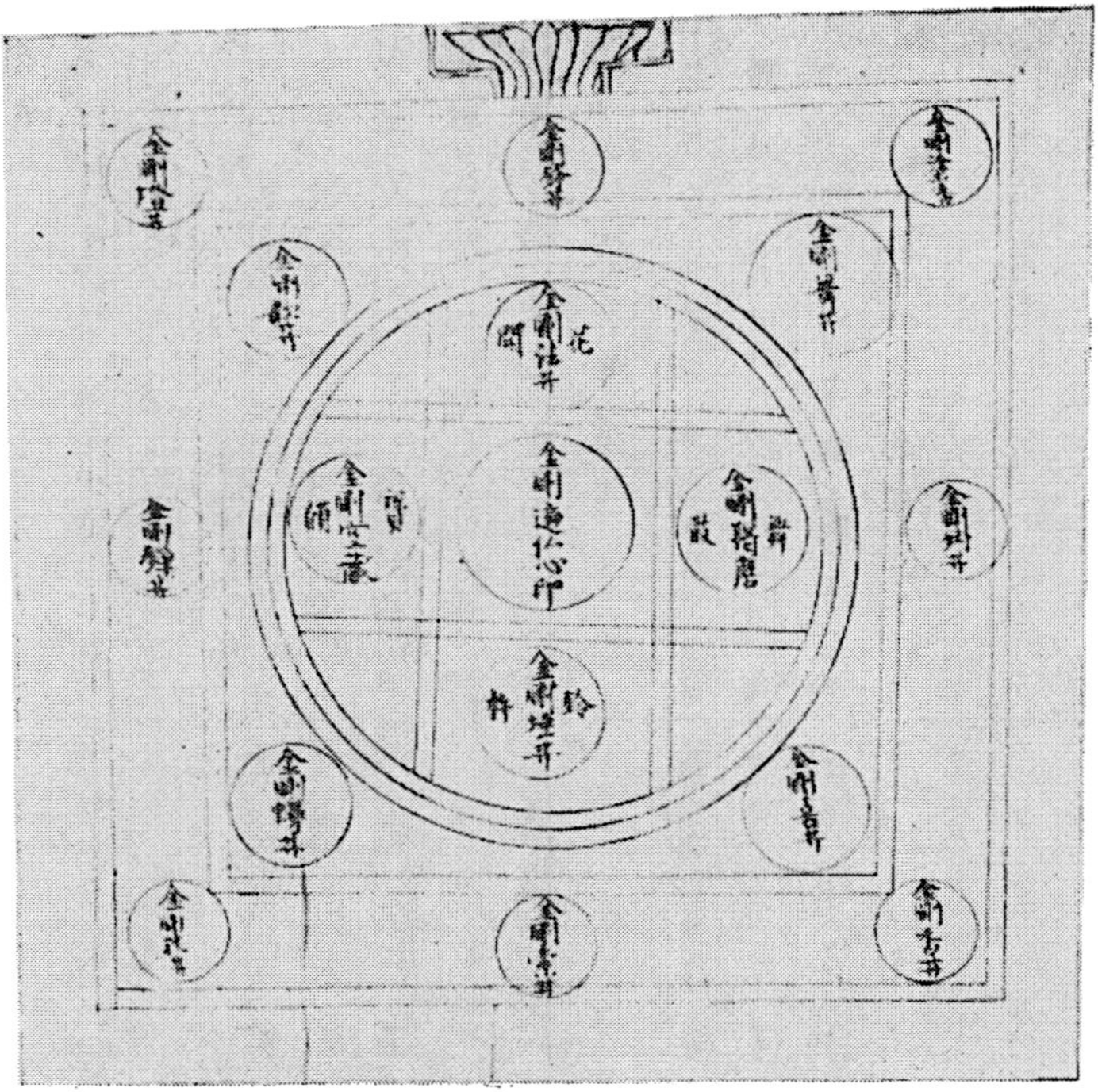

第６図　第三道経中説（大正新脩大蔵経図像12巻所収）

第７図　補陀洛院版の証悟曼荼羅

2　利　益

金剛手。若有下聞二此四出生法一。讀誦受持上。設使現行二無量重罪一。必能超二越一切惡趣一。乃至當下坐二菩提道場一。速能剋中證無上正覺上。

金剛手よ、若し此の四出生の法を聞て読誦し受持すること有らば、設使《たとえ》現に無量の重罪を行ずるも、必ず能く一切の悪趣を超越し、乃至当に菩提道場に坐して速やかに能く無上正覚を剋証すべし。

《四出生の法》 金剛平等・義平等・法平等・一切業平等によって各々の現等覚身を完成するということ。**《悪趣》** 地獄のこと。**《菩提道場》** 釈尊のさとりの場所から、真言瑜伽行者が無上なるさとりを完成する所をいう。**《剋証》** 剋とは急速のこと。いわゆる速証、速やかにさとること。

〔訳〕 金剛堅固なる菩提心の体現者よ、もしも、この四つの成就の法を聞き、読誦し、身に所持するものがあったとしよう。その人の、たとえ現在に数えきれないほどの重い罪を行ったとしても、かならず一切の地獄に堕するというむくいをこえて、さとりの坐にのぼるに、速やかに無上なるさとりを証することができるであろう。

問題の「四出生法」とは、〃一切如来の寂静法性の現等覚を出生する般若理趣〃であることはいうまでもなかろう。実に、この四出生法とは、如来のさとりの四面からの完成ということにほかならない。功報の二つは、悪趣をこえること、そして、覚位にのぼることである。『理趣釈』巻上（大正一九・六一〇b）では、「未来の有情の為に、此の中に理趣を修するの福利を聞いて、心、猶予せずして能く浄信を発して修行すれば、則ち現世の悪報及び来生に能く定業を転じ、疾《すみ》やかに無上菩提を証するなり」と釈している。

3 再説

時薄伽梵。如レ是説已。欲三重顕二明此義一故。熙怡微笑。持二智拳印一。説二一切法自性平等心一。悪引重呼

時に薄伽梵は、是の如く説き已《おわ》って、重ねて此の義を顕明せんと欲するが故に、熙怡《きい》し微笑《みしょう》し

て、智拳印を持して、一切法自性平等の心を説きたもう。悪引重呼

《智拳印》普通、金剛界の大日如来が結んでいる印である。両手を大指と掌の中に入れて握る金剛拳にして、左の頭指を伸し立て、それを右手の金剛拳をとって握る様子にすること。《一切法自性平等の心》すべての存在が、本性として自他をこえて真実と平等であるという心真言のこと。《悪引重呼》āḥ の音写である。

〔訳〕時に、世尊はこのように説きおわって、さらにその意味を明らかに説こうとして、顔に微笑をうかべ、大日如来の印を結び、すべての存在は本性として真実と平等でないものはないという教えをこめた心真言をお説きになられた。アーハ

一字の心真言たる āḥ について、『理趣釈』巻上（大正一九・六一〇c）には、「āḥ 悪引字の心真言は、具に四字を含んで一体と為す。a 阿字は菩提心の義。此の字の如きは、一切字は之を先と為す。大乗法の中に於て、無上菩提に趣向するに菩提心を先とす。ā 阿引字は行の義。則ち四智印なり。瑜伽教中に修行するに速疾に方便をもってす。福徳・智慧の資糧を集むることに由って、無上菩提の正因を証成す。第三字は極めて長く高声なり。aṃ

暗字は等覚の義。無辺智・解脱・三摩地・陀羅尼門を証することによって、四種の魔羅を摧伏し、十方の一切如来、三界の法王の灌頂を受けて正法輪を転ず。第四の āḥ 悪字は、涅槃の義。二種の障り、謂わく煩悩・所知の障りを断つことに由って、四種の円寂を証得す。謂ゆる一者自性清浄涅槃、二者有余依涅槃、三者無余依涅槃、四者無住処涅槃。前の三は、異生・声聞・縁覚に通じ、第四は、唯だ仏のみ独り証して、諸の異乗に同ぜず。則ち此の四字は是れ毘盧遮那仏の自覚聖智・四種智解脱なり。外に四大転輪王菩薩を現ず。謂ゆる第一金剛薩埵、第二金剛宝菩薩、第三金剛法菩薩、第四金剛羯磨菩薩是れなり」と説かれている。要するに、阿字の五転をもって、この真言を解するのが伝統的な理解の仕方である。

āḥ ｛
a 金剛平等――金剛部
ā 義平等――宝部
aṁ 法平等――法部
āḥ 羯磨平等――羯磨部

とあるがごとくである。そして、これらの世界は、同時に「金剛界曼荼羅」の、中心大日如来をめぐる四波羅蜜菩薩の内証にあてはめているようである。

ここで、阿字にかかわるコメントの少しを紹介しておこう。『大日経』の普通真言蔵品に説かれる〝毘盧遮那真言心〟について『大日経疏』巻十（大正三九・六八八a）において解釈して、「今惣じて諸真言の心を説かば則ち此の阿字是れなり。此は是れ諸法本不生の義なり。若し阿の声を離れぬれば則ち余字なし。即ち是れ諸字の母なり。即ち一切の真言の生処なり。謂わく一切の法門及び菩薩等は皆毘盧遮那の自体自証の心より衆生を饒益せんと欲うがために加持力を以て而も此の事を現じたもう。能く実に即体不生なること阿字の法体に同じ、此の字は真言の中に於て最も上妙となす。是の故に真言行者、常に当に是の如く受持すべし。是の故に一切の真言は阿字に住す」と論じ、さらには、『菩提心論』に引用されている、同じく『大日経疏』巻十四（大正三九・七二三b）の阿字の五義・五転の記述をあげておこう。共に〝阿字〟とは一切諸法本不生の義理についての共通せる理解の仕方であり、ここでの理解も、それらを加味して解するべきであろう。

第三　降三世の章

1　四無戯論の法とその曼荼羅

時調伏難調釋加牟尼如來。復説一切法平等最勝出生般若理趣。所謂欲無戯論性故。瞋無戯論性。瞋無戯論性故。癡無戯論性。癡無戯論性故。一切法無戯論性。一切法無戯論性故。應知般若波羅蜜多無戯論性。

時に難調を調伏する釈迦牟尼如来は、復た一切法平等の最勝を出生する般若理趣を説きたもう。謂ゆる欲無戯論性の故に瞋無戯論性なり。瞋無戯論性の故に癡無戯論性なり。癡無戯論性の故に一切法無戯論性なり。一切法無戯論性の故に応に知るべし、般若波羅蜜多無戯論性なり。

《釈迦牟尼如来》 śākya-munis tathāgataḥ 仏教の開祖。密教になると釈迦牟尼仏は、煩悩を完全に調伏したことを特色とした仏として位置づけられている。それをもって、〃降三世〃という名称が附されているようである。ここでは、釈迦如来が大日如来となって説法するのである。《**無戯論性**》aprapañcatā　善とか悪とかの分別の相対性を超越した絶対的なこと。《**欲・瞋・癡**》三毒たる貪（むさぼり）・瞋（いかり）・癡（おろかさ）のこと。

〔訳〕その時に、断じがたき煩悩をすべて滅しおわった釈迦牟尼如来は、あらゆる存在しうるものは平等であるとし、それによってすべての邪悪なるものに打ち勝つさとりを完成する教えをお説きになられた。

すなわち、むさぼりの心は、本来その本質において善・悪をはるかにこえたものであるから、いかりの心も、善・悪をはるかにこえたものである。いかりの心は、本来その本質において善・悪をはるかにこえたものであるから、おろかな心も、善・悪をはるかにこえたものである。おろかな心は、本来その本質において善・悪をはるかにこえたものであるから、あらゆる邪悪な心も、善・悪をはるかにこえたものである。あらゆる邪悪な心は、本来その本質において善・悪をはるかにこえたものであるから、さとりの真実なる智慧の境地も、善・悪をはるかにこえたものである。

ここに登場する教主は、説法の会座に連なる八大菩薩の中の金剛手菩薩摩訶薩である。

ここでの金剛手は、煩悩の断滅者である。煩悩を完全に克服した当体こそ釈迦牟尼如来にほかならない。そして、それは同時に、三世の煩悩の降伏者としての降三世尊が摂取されているということができよう。経文に即すれば、釈迦牟尼。八大菩薩に配当すれば、金剛手菩薩摩訶薩であり、さらに、『理趣釈』巻上（大正一九・六一一b）には、「即ち、彼の毘盧遮那は、閻浮提に於て相を化して成仏したもう。諸の外道を度し、即ち、須弥の頂に於て威猛の忿怒形を示現し、摩醯首羅《まけいしゅら》等の驕佚《きょういつ》、我慢にして、妄《みだ》りに自ら一切智を具するを恃《たの》むを降伏す。貪・瞋・癡、一切の雑染熏習の蔵識によって、彼等をして清浄ならしめ、諸の煩悩を離れしめんが為の故に、示現して左右の脚に摩醯首羅及び烏摩妃を踏みたもう」とあるごとく、降三世と解するのである。すなわち、摩醯首羅とか烏摩妃とかは、煩悩をさすもので、踏むということは、いうところの難調を調伏したまえる釈迦牟尼如来ということであろう。次に無戯論であるが、欲・瞋・癡・一切・般若波羅蜜多が、各々〃欲無戯論性の故に瞋無戯論性なり〃と組み合せになっているが、それは、すべての存在が無戯論性であることを論ずるものである。すべての存在は、その本質において善・悪というごとき相対的なものを超越していることを示しているものであろう。例によって、『理趣釈』巻下（大正一九・六一一b）には、「欲無戯論性の瑜伽三摩地に入ることによるが故に、一切の瞋無戯論性を獲得す。瞋無戯論性の瑜伽三摩地に入ることによるが故に、一切の癡無戯論性を獲得す。癡無戯論性の瑜伽三摩地に入ることによるが故に、一切法の無戯論性を獲得す。一切法の無戯論性の瑜伽三摩地に入ることによるが故に、般若波羅蜜多無戯論性を獲得す。……修行者、三界九地の煩悩怨敵を降伏せんと欲するが故に、この当部中の五種の無戯論の般若理趣を誦す。諸天、頻那夜迦及び悪人の仏法を危害する者を降伏せんと欲すれば、心を運んで五種の無戯論の瑜伽三摩地に入り、自身、降三世の瑜伽大智印をなして四印と相応し、一字明を誦して、相応して実相に入る」と解している。参照すべきであろう。

要するに、「釈迦牟尼如来」が、金剛手になられ、そして降三世尊となって大自在天を降伏するということであろう。

ここで、『理趣釈』巻下（大正一九・六一一b）の曼荼羅の記述をあげ、それを根拠として図画された曼荼羅図をあげておこう。

中央には降三世を安《お》き
降三世の前に於て忿怒薩埵菩薩を安き
後には忿怒善哉菩薩を安き

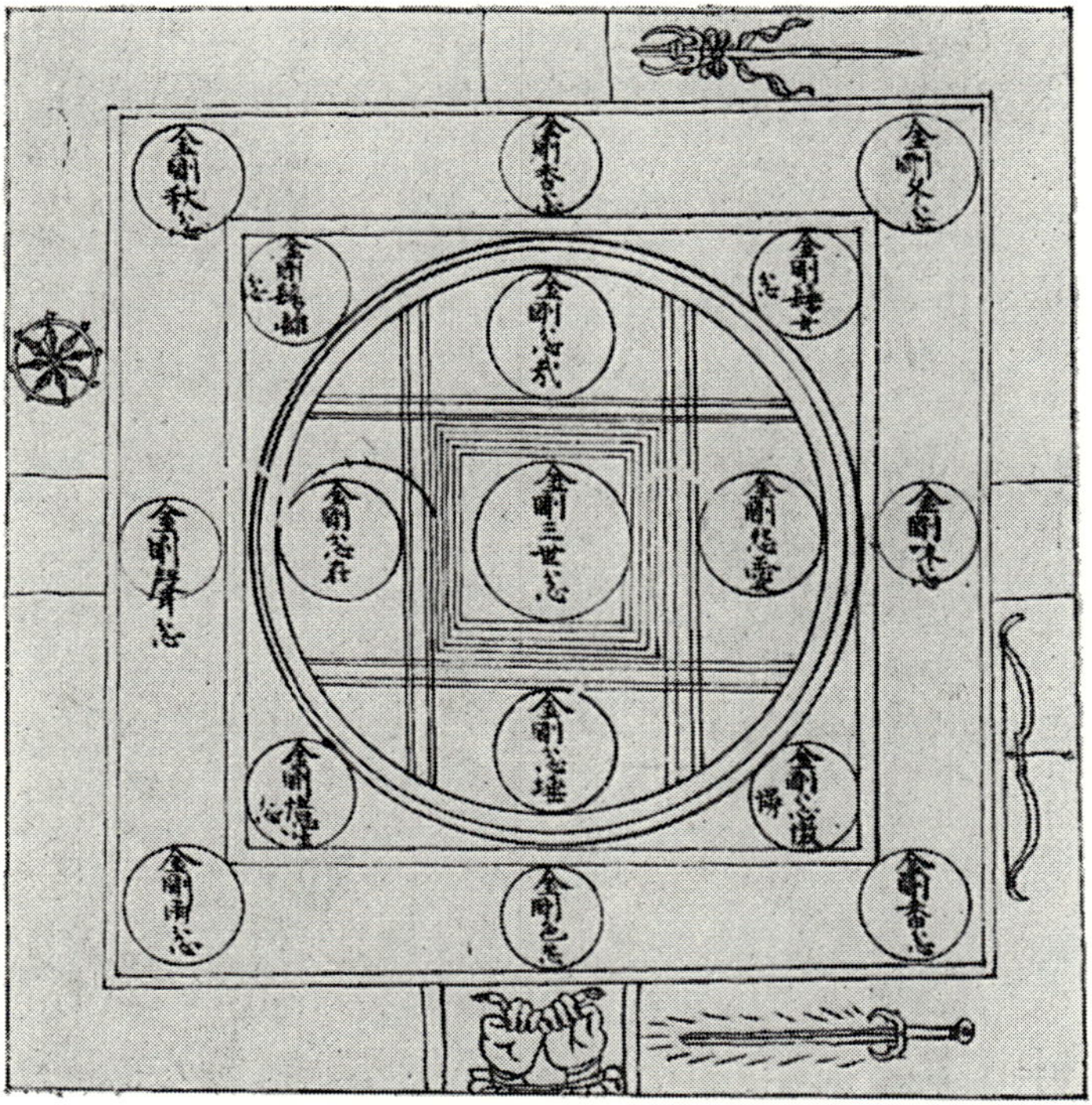

第８図　釈迦降三世壇第五（大正新脩大蔵経図像12巻所収）

第９図　補陀洛院版の降伏曼荼羅

右辺には忿怒王菩薩を安き
左に忿怒愛菩薩を安く
内の四隅には、四の忿怒の内供養を安き、外の四隅に於ては、四の忿怒の外供養を安き
東門には弓箭の画契を安き
其の南門には剣を安き
西門には輪
北門には三股叉なり
一々の皆前の四種曼荼羅の如し。皆降伏を以て三摩地と為す。

2 利益

金剛手。若有㆘聞㆓此理趣㆒受持讀誦㆖設害㆓三界一切有情㆒不㆑墮㆓惡趣㆒。爲㆓調伏㆒故。疾證㆓無上正等菩提㆒。

金剛手よ。若し此の理趣を聞き、受持し読誦すること有らば、設《たと》え三界《さんがい》の一切の有情を害すとも悪趣に堕せず。調伏の為《ため》の故に疾く無上正等菩提を証すべし。

《害》殺害のこと。本段に述べる無戯論性なることを前提とするに、三界の一切の有情《うじょう》を殺害しても、地獄に堕することがないというのである。

〔訳〕金剛手（金剛堅固なる菩提心の体現者）よ、もしもこの教えを聞き、受けたもち読誦する人があったとしよう。そのような人は、すべての世界の人びとを殺すことがあっても、地獄におちることがないであろう。すでに煩悩を滅しているから、速やかに無上にして正しき完全なるさとりを得ることができるのである。

この部分は、〈設え三界の一切の有情を害すとも〉という文章が問題であろう。例によって『理趣釈』巻下（大正一九・六一一c）に、「一切の有情とは、貪・瞋・癡を因となすに由って、三界の中の流転を受く。若し理趣と相応すれば、則ち三界の輪廻の因を滅す。是の故に、三界の一切の有情を害すとも、悪趣に堕せず、貪等の三毒を調伏するが為なり。故に速やかに無上菩提を証することを得る」とある。要するに、一切の有情は、貪・瞋・癡を因として生存しているものであり、害するとは、その三毒を調伏するというのである。空海は、『実相般若経答釈』（『弘大全』第一輯、七四八頁）において、東大寺の円蔵法師の四つの問尋に対して答釈し、その第二問として、「三界の一切衆生を殺害すとも、終にこれに因りて悪道に堕せず。何をもっての故にとならば、已《すで》に調伏心律儀を受くるが故にとは、釈していわく、三界とは三毒これなり。一切衆生は三毒に由りて三界の苦を感ず。修行者、三秘密金剛の律儀を発起し、三毒の本不生を観ずれば、すなわち三界の因を断ず。因已《すで》に生ぜず。果、何に由りてか起らん。故に、終にこれに因りて悪道に堕せずという」とあるが、『理趣釈』の理解に基づいた見解であることが明らかであろう。

3 再 説

時 金 剛 手 大 菩 薩。欲㆔重 顯㆓明 此 義㆒故。持㆓降 三 世 印㆒。以㆓蓮 花 面㆒。微 笑 而 怒 顰㆑眉 猛 視。利 牙 出 現。住㆓降 伏 立 相㆒。説㆓此 金 剛 吽 迦 囉 心㆒。吽 短

時に金剛手大菩薩は、重ねて此の義を顕明《けんみょう》せんと欲するが故に、降三世《ごうさんぜ》の印《いん》を持し、蓮花面《れんげめん》を以て微笑《みしょう》して而も怒《いか》りて眉《まゆ》を顰《ひそ》めて猛《たけ》く視《み》て、利牙《りが》を出現し、降伏《ごうぶく》の立相《りっそう》に住して此の金剛吽迦羅《こんごううんきゃら》の心を説きたもう。 吽短

《降三世印》左右を金剛拳にして両の頭指を立て、小指を鈎結す、と説明される印である。すな

わち、三世間を降伏する金剛と名づくる印のことである。《蓮華面》蓮華のごとく清浄で、そして優しい顔容のこと。すなわち大悲をあらわす。《降伏立相》左足をもって摩醯首羅を踏み、右足をもって烏摩を踏んで立つこと。降三世明王のごとき様子のこと。《金剛吽迦囉心》吽迦囉 huṃ kara で、忿怒をなすということ。《吽短》huṃ

〔訳〕金剛手大菩薩（金剛堅固なる菩提心の体現者）は、ふたたび、このことがらをより明らかにあらわそうとして、降三世明王のすがたをもってその印契を結び、蓮華のような清らかな顔容をもってほほえみ、そして怒りをもって眉をひそめ、荒々しく視て牙をむき出し、悪魔を踏みにじるがごとくに立ちて、金剛のごとくすべての煩悩を断んぜんとする忿怒の心をもって真言をとかれたのである。ウム

降三世明王は四面八臂《しめんはっぴ》である。四面の内の正面は青色、右面は黄色、左面は緑色、後面は紅色とされる。八臂は、左右の第一手は印を結び心にあてる。左の第二手は五鈷杵《ごこしょ》（三鈷杵）、第三手は弓、第四手は索。右の第二手は五鈷鈴、第三手は箭、第四手は剣を各々執っている。頭髪は馬の立て髪のように赤黒色であり、左足に摩醯首羅天、右足に烏摩を踏

んで立ち、身は青黒色で、火焔中に住しているのである。『理趣釈』巻下（大正一九・六一一c）にも、「降三世の印を持しとは、三世とは謂ゆる摩醯首羅の義なり。此の印に由りて降伏し、浄信をもって仏道に引入することを得る。蓮華面を以て微笑して、而も怒り眉を顰《ひそ》めてとは、聖者は内心に観自在の悲愍と相応して住し、外には忿怒を示現するなり。猛く視るとは、四種の眼中に於て第三の忿怒眼なり。利牙を出現しとは、金剛薬叉の三摩地と相応す。降伏の立相に住するとは、降三世の立印なり。その二足相去って立すべし。五搩《たく》（のはば）、右膝を屈し左膝を舒《の》べて、両足の右には摩醯首羅を踏み、左には烏摩を踏む」とある。当段の一字の真言は、要するに忿怒降伏の意味を有するウムであると解すべきであろう。

第四　観自在菩薩の章

1　四清浄法とその曼荼羅

時薄伽梵。得㆓自性清淨法性㆒如來。復說㆓一切法平等觀自在智印出生般若理趣㆒。

所謂世間一切欲清淨故。卽一切瞋清淨。世間一切垢清淨故。卽一切罪清淨。世間一切法清淨故。卽一切有情清淨。世間一切智智清淨故。卽般若波羅蜜多清淨。

時に薄伽梵《ばかぼん》、自性清浄の法性を得たまえる如来は、復た一切法の平等を観ずる自在なる智印を出生する般若の理趣を説きたもう。

謂ゆる世間の一切の欲清浄なるが故に、即ち一切の瞋清浄なり。世間の一切の垢清浄なるが故に、即ち一切の罪清浄なり。世間の一切の法清浄なるが故に、即ち一切の有情清浄なり。世間の一切の智智清浄なるが故に、即ち般若波羅蜜多清浄なり。

《得自性清浄法性如来》sva-bhāva-śuddhas-tathāgata　本来すでに自他の対立を超越して真実なるものを獲得されている如来。これは観自在菩薩の異称である。

〔訳〕その時、世尊、本来すでに自他の対立を超越して真実なるものを獲得されている如来は、また、すべての存在はその本質において清浄であると観ずることの自由自在なる智慧を完成する教えを説かれた。この世に存在する、すべてのむさぼりは清らかなものであるから、同時にあらゆるいかりは清らかである。この世に存在する、すべてのけがれは清らかなものであるから、同時にあらゆる罪は清らかである。この世に存在する、すべてのものは清らかなものであるから、同時にあらゆる生きとし生けるものは清らかである。この世に存在する、すべての智慧のなかの智慧は清らかなものであるから、同時にさとりの智慧の完成は清らかである。

例によって、『理趣釈』巻下（大正一九・六一二a）を見るに、まず、自性清浄の法性を得たまえる如来をば、「是れ観自在王如来の異名にして、則ち此の仏を無量寿如来と名づく。若し浄妙の仏国土に於て、仏身を現成《げんじょう》し、雑染の五濁の世界に住すれば、則ち観自在菩薩となす」とある。次に説かれる「四種の不染」は、一切の煩悩及び随煩悩の三摩地法であるとし、その各々を金剛法菩薩・金剛利菩薩・金剛因菩薩・金剛語菩薩の三摩地であると配分してから、「瑜伽者は四種の清浄なる菩薩の三摩地を受くることを得ることによって、世間の悲願に於て六趣に生じ、一切の煩悩に染汚を被《こうむ》らざること、猶し蓮華の如く、此の三摩地を以て能く諸の雑染を浄む」と解している。後の注釈者は、四対の八種清浄について、最初の一対は、一般的な三毒をあらわし、第二対は、意業の上の三毒と、身・口業の罪悪、第三対は、五薀の法と五薀仮和合としての有情、第四対は、俗諦と真諦と解している。

観自在菩薩は、自性清浄の法性を得たまえる如来といわれているごとく、その本性として自他の対立をこえ、自性清浄なる真実の世界を観察して、三毒の煩悩も本来清浄なる世界につらなっているということを説くにあるのである。『理趣経』巻下（大正一九・六一二b）に

応に曼荼羅を建立すべし

中央に観自在菩薩を画け、本儀の形の如くせよ。

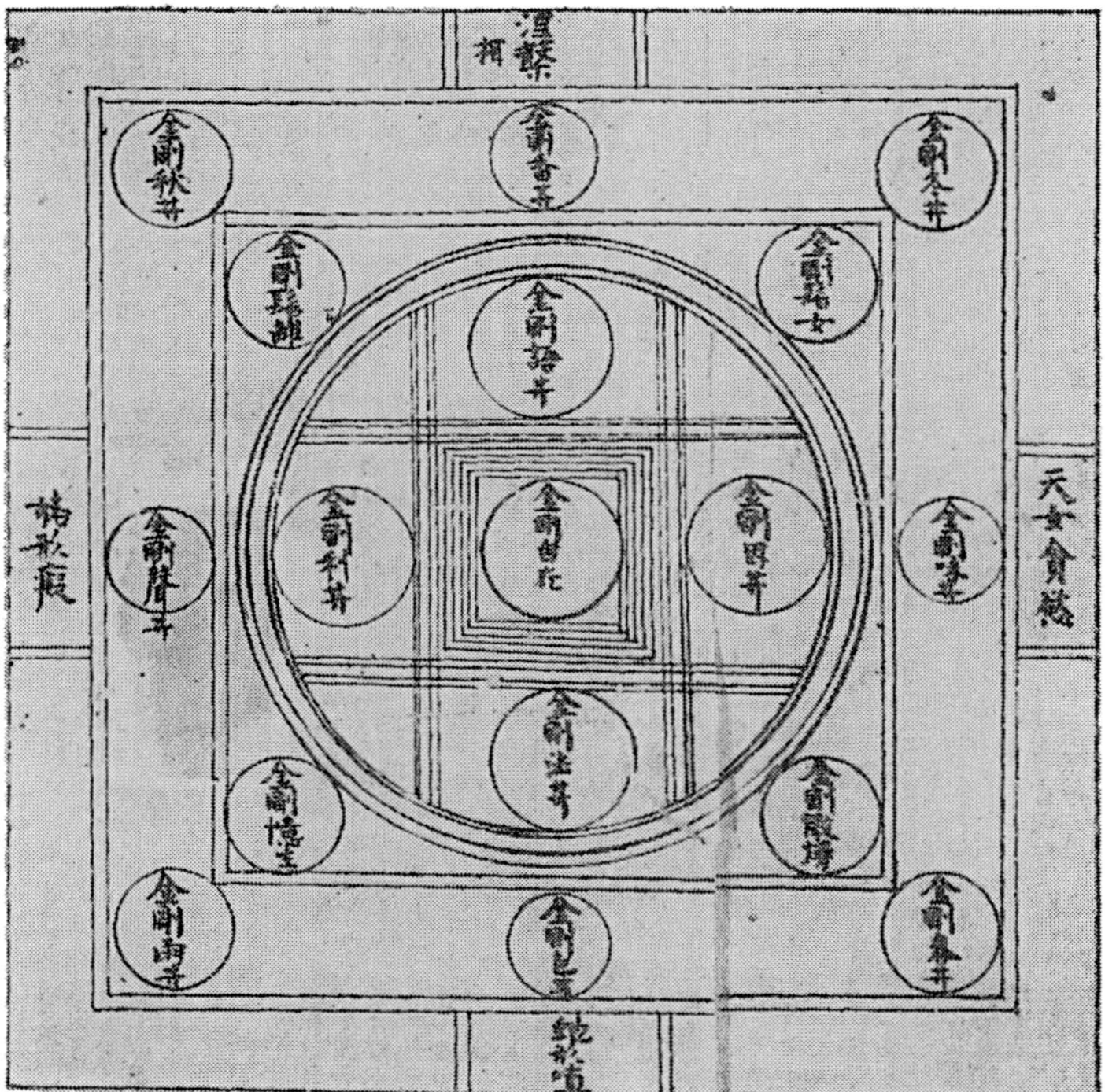

第10図　観自在菩薩壇第五（大正新脩大蔵経図像12巻所収）

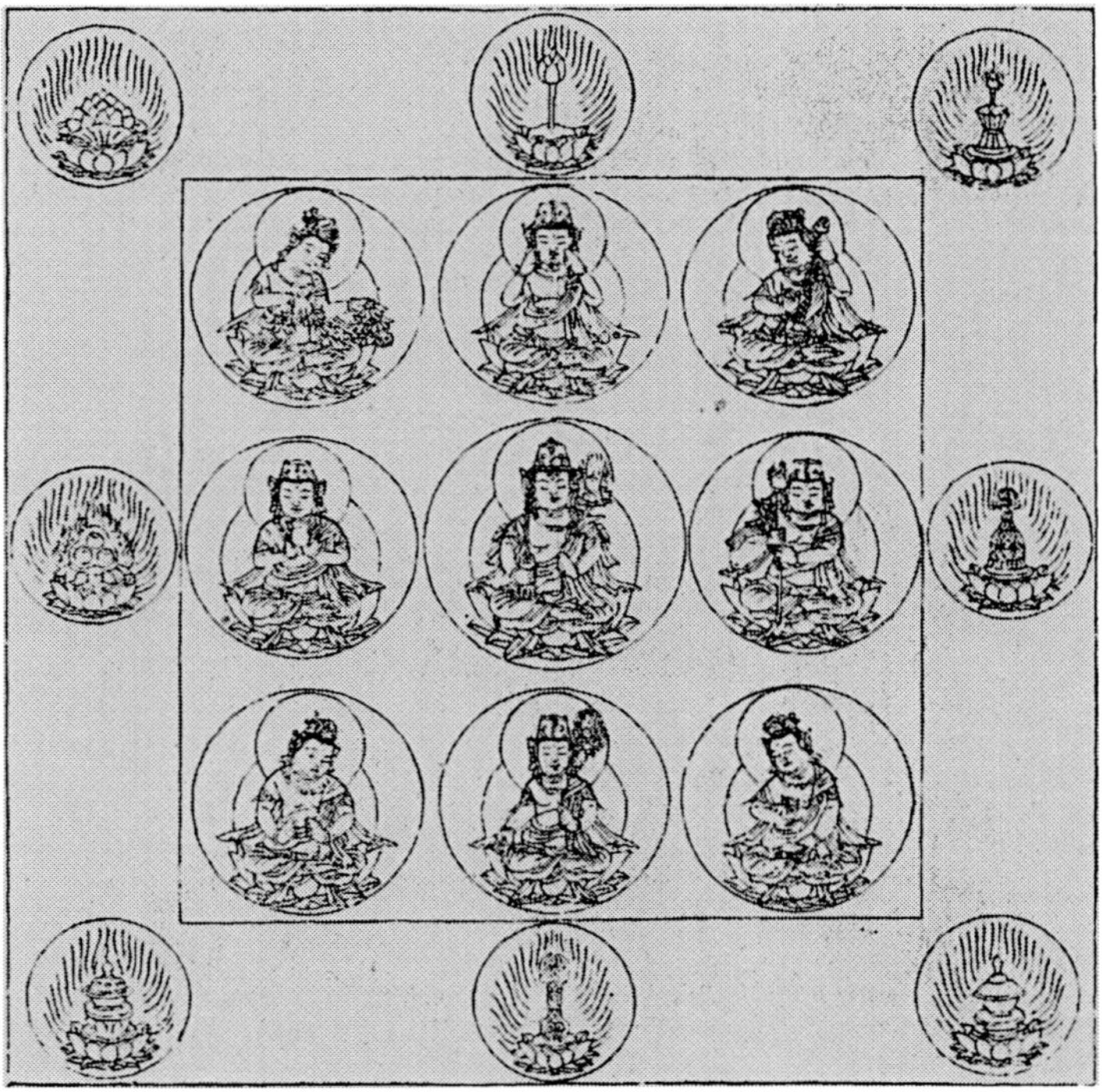

第11図　補陀洛院版の観照曼荼羅

前に金剛法を安《お》き
右に金剛利を安き
左に金剛因を安き
後に金剛語を安き
四の内と外との隅に於て、各四の内と外との供養を安くべし。
東門に於ては天女形を画く、貪欲を表す。
南門には虵を画く、瞋の形を表す。
西門には猪を画く、癡の形を表す
北門には蓮華を画く、涅槃の形を表す。

2　利益

金剛手。若有下聞二此理趣一。受持讀誦作意思惟上。設住二諸欲一猶如下蓮花不中爲二客塵諸垢所一染上。疾證二無上正等菩提一。

金剛手よ、若し此の理趣を聞き、受持し読誦し作意し思惟すること有らば、設え諸欲に住すれども猶し蓮花の客塵の諸垢の為に染せられざるが如く、疾《と》く無上正等菩提を証すべし。

《客塵諸垢》偶然的な、外来的な煩悩で、本来清浄なる心に外から付着する煩悩である。

〔訳〕金剛堅固なる菩提心の体現者よ。もしも、この教えを聞き、受けたもち、読誦し、よく心をいたし思索する人がいたならば、たとえ諸の煩悩のなかにあったとしても、蓮花が外的な垢れに決して染まることがないように、速やかに無上にして正しく真実なるさとりを得ることができるであろう。

この部分は、行相を説くことと、その功報が〈不染〉・〈証果〉の二面によって表現されているのである。聞・受持・読誦・作意・思惟とは、『般若経』が基本的に主張する実践行たる十法行といわれるものである。観自在菩薩が手に蓮花を持つことは、その蓮花によってすべての存在は本性清浄であることを表示しているのである。

3 再説

時薄伽梵。観自在大菩薩。欲三重顕二明此義一故。熙怡微笑。作二開敷蓮花勢一。観二欲不染一。説二一切群生種種色心一。紇唎二合引入

時に薄伽梵、観自在大菩薩、重ねて此の義を顕明せんと欲するが故に、熙怡《きい》し微笑して、開敷蓮花の勢いを作し、欲の不染を観じて、一切群生の種種色の心を説きたもう。紇唎二合引入

《開敷蓮花勢》左手に未だ開いていない蓮花を持し、右手によってそれを開敷させようとする姿勢。《欲不染》諸の煩悩の中にあっても、それに染まらない。《群生》衆生。《紇唎二合引入》hriḥ

〔訳〕その時、世尊、大慈悲の実践者は、ふたたびこの教えを明らかにしようとして、慈顔をやわらげ微笑し、左手にもつつぼみの蓮華を右手で開くような姿をし、心性は本来清浄であってけっして汚されることはないと観念して、あらゆる生きとし生けるもののありかたの心真言を説かれた。フリーッヒ

当段の心真言 hriḥ について、『理趣釈』巻下（大正一九・六一二b）には、「等同の聖者は、紇唎字に四字を具して一真言を成ず。賀字門とは、一切法の因不可得の義なり。囉字門とは、一切法の離塵の義、塵とは謂ゆる五塵、亦能取・所取の二種の執着に名づく。伊字門とは、自在不可得。二点は悪字の義、悪字を名づけて涅槃となす。諸法の本不生を覚

悟するに由るが故に、二種の執着、皆な遠離し、法界の清浄を証得す」とある。要するに、

hriḥ
- ha (heta) 因不可得—欲等清浄
- ra (rajas) 塵垢不可得—垢等清浄
- i (iśvara) 自在不可得—一切法清浄
- aḥ (aḥの止声ḥ) 遠離不可得—一切智々清浄

となろう。

第五 虚空蔵菩薩の章

1 四種施法とその曼荼羅

時薄伽梵。一切三界主如來。復説二一切如來灌頂智藏般若理趣一。所謂以二灌頂施一故。能得二三界法王位一。義利施故。得二一切意願滿足一。以二法施一故。得レ圓二滿一切法一。資生施故。得二身口意一切安樂一。

時に薄伽梵、一切の三界の主なる如来は、復た一切如来の灌頂智蔵の般若理趣を説きたもう。謂ゆる灌頂施を以ての故に、能く三界の法王の位を得る。義利施の故に、一切の意願の満足を得る。法施を以ての故に、一切法の円満することを得る。資生施の故に、身・口・意の一切の安楽を得る。

《一切三界主如来》 sarva-traidhātukādhipatis tathāgatha 三界の一切有情に施して満足を与

えることが、国王が宝蔵を開いて衆生に分け与えるごときもの。《灌頂智蔵》abhiṣeka-saṃbhava-jñāna-garbha　五智の瓶水を頭頂にそそぐ灌頂によって、三界の法王の位につき無尽なる福徳をすべての人びとに施与すること。《灌頂施》abhiseka-dāna　灌頂をもって五智の徳を開かしめること。《義利施》artha-dāna　利益を与えること。《法施》dharma-dāna　教えを説き与えること。《資生施》āmiṣa-dāna　生活のための飲食や臥具などを与えること。

〔訳〕時に世尊、あらゆる世界の主である如来は、またすべての如来が人びとの頭頂に水を灌ぐことによって智慧の蔵を開くという教えをお説きになられた。すべての世界における法の自在者たる仏の位をあたえるための儀式のほどこしによって、すべての人びとが意《こころ》に願うことを、満足する境地を得る。財宝のほどこしによって、すべての人びとが真実なるものを完全に得ることができる。教えを説きほどこすことによって、すべての人びとが真実なるものを完全に得ることができる。生活のための食物や道具などをほどこすことによって、すべての人びとの身体・言葉・意にわたるすべての安楽を得ることができる。

四種の布施が主題である。この四種施は、

- 布施
  - 内施
    - 灌頂施
    - 法施
  - 外施
    - 義利施
    - 資生施

と整理することができるであろう。『理趣釈』巻下（大正一九・六一二c）には、「灌頂施は、何れの類のために与うるや。瑜伽者自身を虚空蔵菩薩と想え。金剛宝を以て一切如来を灌頂す。義利施とは、沙門・婆羅門に資縁の具を恵施《えせ》す。法施とは、施のために形を現ぜずして、天龍八部等に説法等を与うるなり。資生施とは、傍生之類に施与するなり。修行者、虚空蔵菩薩の三摩地行を修するが故なり」と述べている。

　曼荼羅の中央に虚空蔵菩薩を画け。本形の如し。
　　前に金剛宝を画き
　　右に金剛光を画き
　　左に金剛幢を画き
　　後に金剛笑を画く。
　内と外との院の四隅に、各の内と外との四供養を列ねて本形の如くせよ。

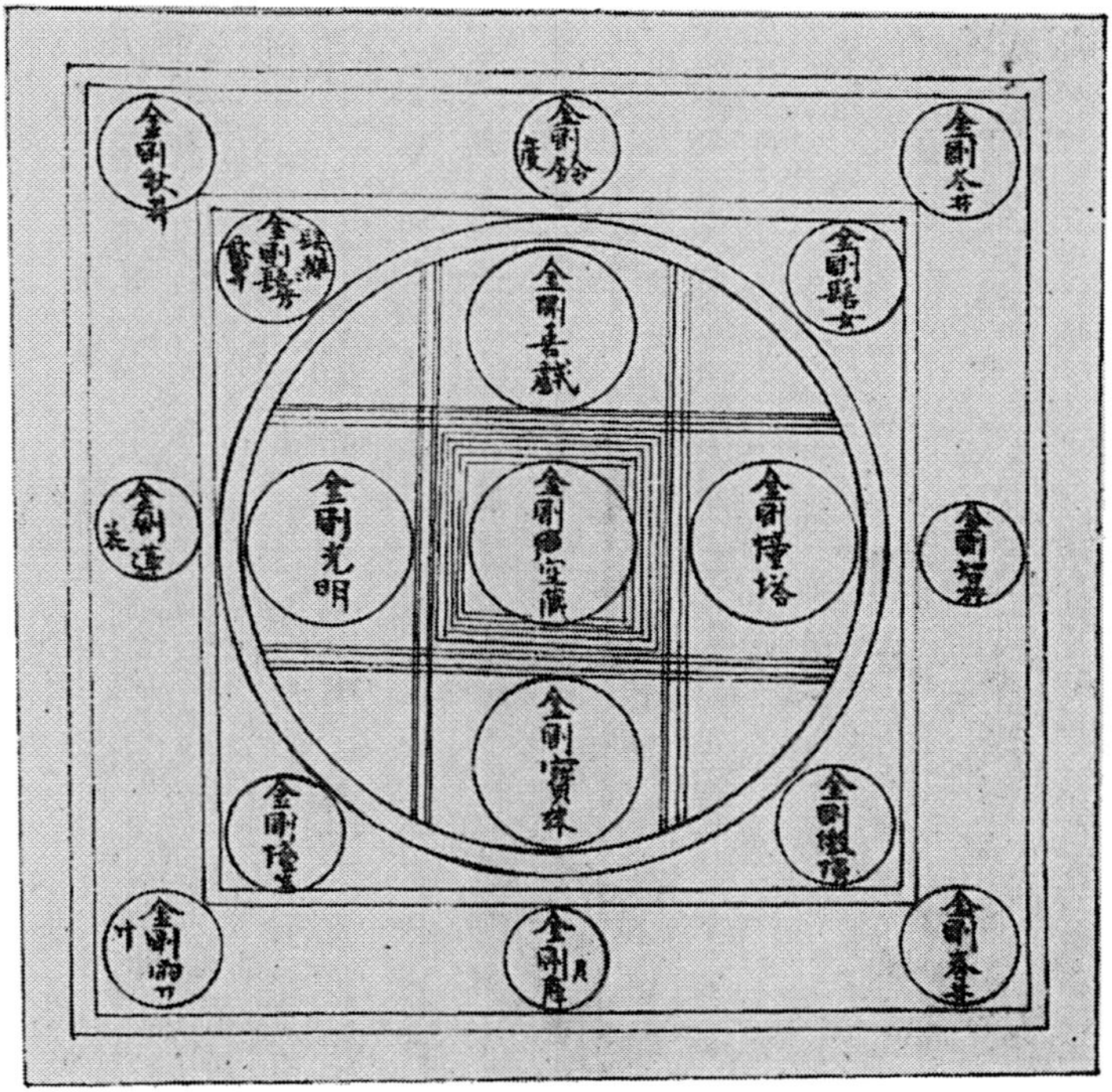

第12図　宝生壇第六（大正新脩大蔵経図像12巻所収）

第13図　補陀洛院版の富聚曼荼羅

東門には金剛杵を安き
南門には宝
西門には蓮華
北門には鈴なり。

2　再説

時虚空蔵大菩薩。欲三重顕二明此義一故。熙怡微笑。以二金剛寶鬘一自繫二其首一。説二一切灌頂三麽耶寶心一。怛覧引二合

時に虚空蔵大菩薩は、重ねて此の義を顕明せんと欲するが故に、熙怡《きい》し微笑して、金剛宝鬘を以て自ら其の首に繫け、一切灌頂三麽耶の宝の心を説けり。怛覧引二合

《金剛宝鬘》装飾した宝冠のこと。　《怛覧引二合》trāṃ

〔訳〕その時、偉大なる福徳者は、ふたたび、この教えを明らかにしようとして、慈顔にほほえみをうかべ、金剛と宝珠によってかざられた冠を頭頂にのせ、あらゆるものを

授けようとする誓いの宝という真言を説かれた。トゥラーム

怛覧 trāṃ という真言について、『理趣釈』巻下（大正一九・六一三a）では、「怛覧字は、四字を具せり。四種の理趣行門を表す。多字は真如不可得の義、囉字は離塵の義、阿引字は一切法の本来寂静なること、猶し虚空の如し。莽字は一切法無我の義なり。常に此の心真言と相応するが故に、身心の無礙なること虚空の如し」とある。要するに、

trāṃ
- ta 多 tathatā 真如
- ra 羅 rajas 塵
- ā 阿引 ādi-anutpāda 本不生
- ṃ 莽 nairātmya 無我

ということであろう。

第六　金剛拳菩薩の章

1　四種印法とその曼荼羅

時薄伽梵。得㆓一切如來智印㆒如來。復說㆓一切如來智印加持般若理趣㆒。所謂持㆓一切如來身印㆒。卽爲㆓一切如來身㆒。持㆓一切如來語印㆒。卽得㆓一切如來法㆒。持㆓一切如來心印㆒。卽證㆓一切如來三摩地㆒。持㆓一切如來金剛印㆒。卽成㆓就一切如來身口意業最勝悉地㆒。

時に薄伽梵、一切如来の智印を得たまえる如来は、復た一切如来の智印加持の般若理趣を説きたもう。

謂ゆる一切如来の身印を持すれば、即ち一切如来の身と為る。一切如来の語印を持すれば、即ち一切如来の法を得る。一切如来の心印を持すれば、即ち一切如来の三摩地を証す。一切如来の金剛印を持すれば、即ち一切如来の身・口・意業の最勝の悉地を成就す。

《得一切如来智印如来》 śāśvata-sarva tathāgata-jñāna-mudrā-prāpta-sarva-tathāgata muṣṭ-idharas tathāgata 一切如来の智印を得、一切如来の拳を持する如来のことである。金剛拳菩薩の異称である。《身印》 kāya mudrā 我々の身体活動が、仏のそれと同じものとなること。《語印》 vāṅ mudrā 我々の言葉の世界の活動が、仏のそれと同じものとなること。《心印》 citta mudrā 我々の心の活動が、仏のそれと同じものとなること。《金剛拳印》 vajra mudrā 身・口・意の活動が一体となっていること。

〔訳〕 時に、すべてのほとけの身体と言葉と意《こころ》のはたらきを示す印を有せる如来は、また、すべてのほとけの身体と言葉と意のはたらきを示す智慧の教えをお説きになられた。すなわち、すべての如来の身体活動を実践すれば、そのままですべての如来の身体となる。すべての如来の言語活動を実践すれば、そのままですべての如来の教えと一致する。すべての如来の意の活動を実践すれば、そのままですべての如来の禅定をさとる。すべての如来の身体と言葉と意の活動をあらわす印を持すれば、すべての如来の身体と言葉と意の活動のもっともすぐれた完成の境地を成就する。

印が主題である。印とは、仏のさとりの内容をさした言葉である。密教では、仏や菩薩の内証や本誓を幖幟《ひょうじ》する印契をさすようになった。『理趣釈』巻下（大正一九・六一三a）には、「一切如来の智印の加持とは、是れ三密門の身口意の金剛なり」とし、さらに身印について「真言者は、身の加持を得ることに由って、無礙身《むげしん》を得、無辺の世界に於て広大の供養を作す」とし、語印について「此の三摩地に由って、能く普ねく無辺の有情界を護り、常に大慈の甲冑を以て、而して自ら荘厳し、金剛の如き不壊の法身を獲得す」とある。この文は少し意味がとりにくいが、三摩地を、仏の言葉の活動とすればよいであろう。心印について、「真言者は金剛薬叉の三摩地を得ることに由って、能く尽く蔵識の中の心の雑染の種子を殺害せしめ、大方便の大悲三摩地を得、調伏の為に威猛忿怒の金剛薬叉菩薩の身を示現す」とある。また金剛印について、「瑜伽を修する者に由って、金剛拳菩薩の三摩地を得、能く一切の真言教の中の三密門を成就す。是の故に、広く瑜伽の中に説かく、身口意金剛の合成するを名づけて拳と為す。一切如来の縛、是れを金剛拳とす」と解している。

応に金剛拳の曼荼羅を建立すべし。
中央には一切如来拳菩薩を画け
前には金剛業を画き

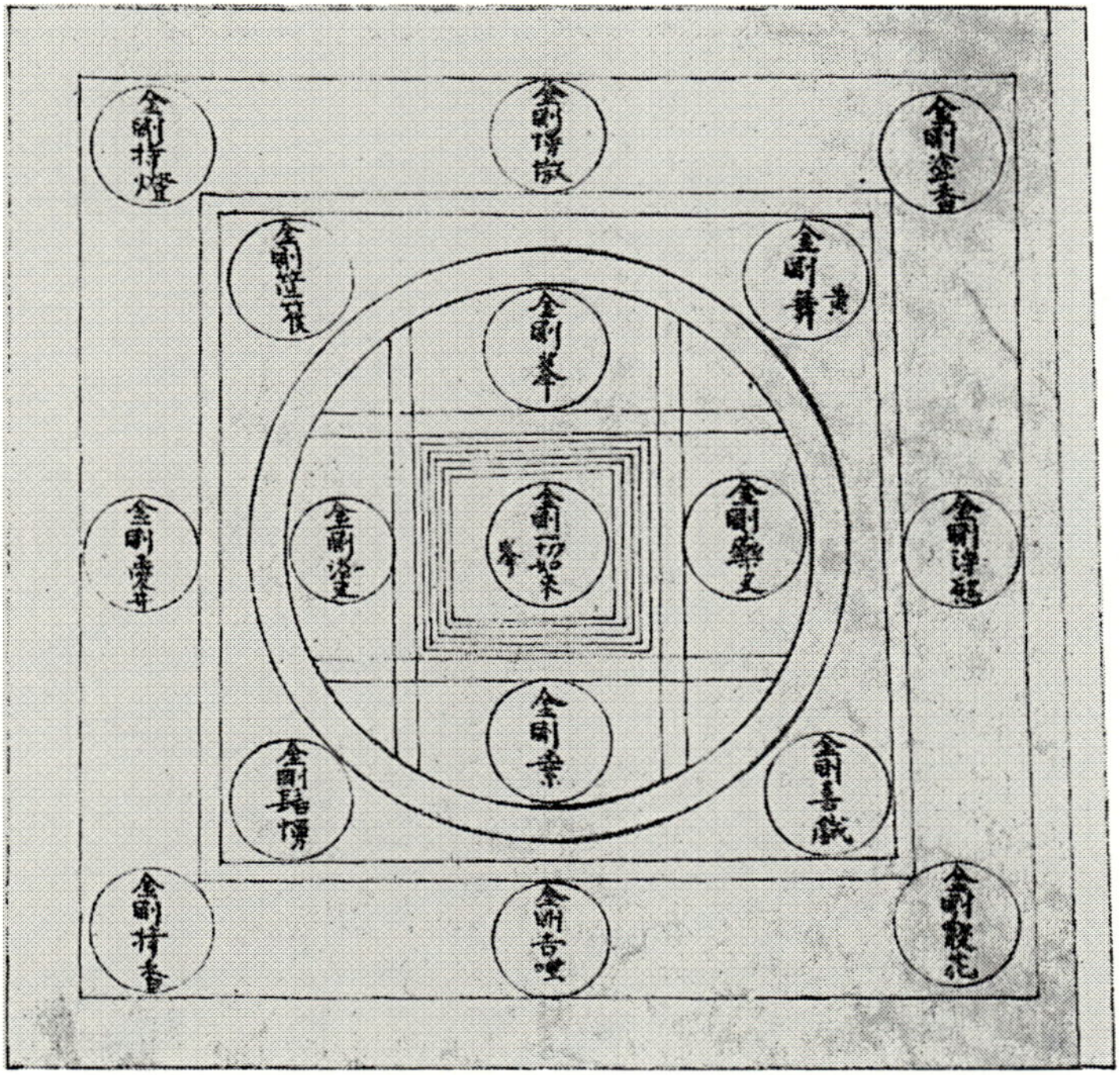

第14図 金剛一切如来壇第七（大正新脩大蔵経図像12巻所収）

第15図　補陀洛院版の実動曼荼羅

右には金剛護を画き
左には金剛薬叉を画き
後には金剛拳を画き
内と外との四隅には、各の内と外との四供養を安き、四門に於ては四菩薩を安くべし。
東門には染金剛
南門には金剛髻黎吉羅
西門には愛金剛
北門には金剛慢なり。

2 利益

金剛手。若有㆘聞㆓此理趣㆒。受持讀誦作意思惟㆖。得㆓一切自在。一切智智。一切事業。一切成就㆒。得㆓一切身口意金剛性。一切悉地㆒。疾證㆓無上正等菩提㆒。

金剛手よ。若し此の理趣を聞て、受持し読誦し作意し思惟すること有らば、一切の自在と一切の智智と一切の事業と一切の成就とを得る。一切の身と口と意との金剛性の一切の悉地を得て、疾《と》く無上正等菩提を証すべし。

《一切智智》sarva-jñāna 仏の智慧のこと。絶対なる智。

〔訳〕金剛堅固なる菩提心の体現者よ。もしも、この教えを聞き、受けたもち、読誦し、心を集中して思惟する人があったとしよう。その人は、すべてにわたる自在なる言語と、智慧と、行為と、そしてすべての完成とを得るであろう。そして、すべての身体・言語・意志の活動が金剛のごとき堅固なる境地に達し、速やかに完全なるさとりを完成することができるであろう。

ここでは、得るところの利益を、一切の自在、一切の智々、一切の事業、一切の成就の四つ。それに一切の身口意金剛性の悉地を加えれば、五つの利益があることを述べている。他の類本においては見るに、一致していない。ともかく、『理趣釈』巻下（大正一九・六一三b）においては、「身印を持するに由って、一切の成就を得（此の句、梵本には初めの功能なれども、漢本には第四に在り）。語印を持するに由って、一切の口の自在を得。心印を持するに由って、一切の智々を得。金剛印を持するに由って、一切の事業、皆悉く成就することを得て、疾く無上正等菩提を証すべし」とある。要するに、〃一切自在〃は、口の働き、〃一切智々〃は、心の働き、〃一切事業〃は、三密融合の働き、〃一切成就〃は、身の働きとに各々配当され解されている。それに〃一切身口意金剛性〃は、身口意三密の金剛性なることを重ねて説くということになる。空海は、『真実経文句』(『弘大全』第一輯、七三九頁)において、「次に得一切自在従り以下は、正しく功報を明かす。此の中に略して六種の果報有り。一には自在を得る。二には一切智々を得る。三には事業成就、四には金剛の三業を得る。五には悉地を得る。六には疾証菩提。又、解すらく、事業と成就とを二とすれば、則ち七種と成る」とあるごとく、六あるいは七種に分けている。

3 再説

時薄伽梵。為レ欲三重顯二明此義一故。煕怡微笑。持二金剛拳大三摩耶印一。説二此一切堅固金剛印悉地三麽耶自眞實心一。噁

時に薄伽梵、重ねて此の義を顕明せんと欲するが為の故に、煕怡微笑し、金剛拳の大三摩耶の印を持し、此の一切の堅固金剛の印の悉地の三麽耶なる自らの真実の心を説きたもう。噁《あく》

《金剛拳》身・口・意のはたらきが統合されていることを意味する。**《金剛拳大三摩耶印》**左

右を金剛拳にして左を仰けて右を覆せ、二手を重ねて心の前に安《お》くようにする。《噁》aḥ

〔訳〕その時、世尊、大いなる三密行者は、ふたたびこの事を明らかにしようとして、慈顔をやわらげ微笑し、身体と言葉と意《こころ》の秘密の働きを一つに表す印をむすび、この印によって表される金剛のごとき堅固であるさとりを象徴する自らの真実なる心真言をお説きになった。アーハ

これは、金剛拳菩薩の儀軌である。『理趣釈』巻下（大正一九・六一三b）には、「或る時には、瑜伽者は曼荼羅の中に住し、自ら本尊の瑜伽を作し、諸の眷属の各々本位に住するを想え。四字明を以て一切の聖衆を召請す。則ち一字真言を誦す。則ち四種の金剛拳の般若理趣を誦して、印をもって心を一々の理趣門に運《めぐ》らし、量、法界に同じく、周って復た始む。一切の三摩地、皆現前することを得る。悪字は是れ涅槃の義なり。四種の涅槃を一字の中に摂す」とし、さらに、「本の菩薩の大智印の威儀を表し、兼ねて語密の功能を讃す」と結んでいる。文中、四種涅槃とは、自性清浄涅槃、有余涅槃、無余涅槃、無住処涅槃のことであるが、それを一字の真言に摂しているというのである。

第七　文殊師利菩薩の章

1　四種解脱法とその曼荼羅

時薄伽梵。一切無戲論如來。復說㆓轉字輪般若理趣㆒。所謂諸法空。與㆓無自性㆒相應故。諸法無相。與㆓無相性㆒相應故。諸法無願。與㆓無願性㆒相應故。諸法光明。般若波羅蜜多清淨故。

時に薄伽梵、一切無戯論如来は、復た転字輪の般若理趣を説きたもう。

謂ゆる諸法は空なり、無自性と相応するが故に。諸法は無相なり、無相性と相応するが故に。諸法は無願なり、無願性と相応するが故に。諸法は光明なり、般若波羅蜜多清浄なるが故に。

《一切無戯論如来》 sarva dharmāprapañcas tathāgata　文殊師利菩薩の異称である。**《転字輪》** cakrākṣara-parivartaṃ　字輪を転んずる。すなわちa字輪を転んずることによって、阿字本不生という真実をあらわすこと。《空・無相・無願》三解脱門とも、三々昧ともいわれる。現象世界は本来空であり、よって差別相もなく、相もないのであるから願い求めるべきものもない、と観ずるのである。

〔訳〕その時に、世尊、すべてにわたって相対的な分別を超えている如来は、また阿字を輪回させ、本不生なる世界を悟る智慧の教えをお説きになられた。この世のすべての存在は空である、固定的なものはないから。この世のすべての存在は無相である、かたちとして固定化されないものだから。この世のすべての存在は無願である、かたちのないものを願い求めることができないから。この世のすべての存在は光明である、さとりの智慧の完成は清浄なるものだから。

空・無相・無願は、空観の実践行の命題である。よって、三々昧ともいわれるゆえんである。それに光明が加えられて、四種解脱門がかかげられたのである。それも、文殊師利の利剣に幖幟されているのである。『理趣釈』巻下（大正一九・六一三b）では、空を金剛界曼荼羅の中の金剛利菩薩の三摩地。無相を降三世曼荼羅の忿怒金剛利の三摩地。無願を遍調伏曼荼羅の中の蓮華利の三摩地。光明を一切義成就曼荼羅の中の宝利菩薩の三摩地に配当させている。これは、『金剛頂経』の金剛界品・降三世品・遍調伏品・一切義成就品の四大品において説かれる。金剛利・忿怒金剛利・蓮華利・宝利の諸菩薩のことをさしている。

すべての存在は無自性空である。それを徹底すれば無相である。さらにそれを徹底すれば無願である。そして、それをさらに徹底すれば光明である、とて肯定してゆく世界が示されているといえよう。

曼荼羅とは、八曼荼羅の形を布き列ねよ。

中央に於て文殊師利童子の形を画き、四方には四仏を安置せよ。虚空智剣を以て、各《おのおの》四仏の臂の上に繋げよ。

其の四隅には四種の般若波羅蜜の甲を置き、外の四隅には外の四供養を安き、四門には四種の契印を安くべし。

東門には剣を画き

南門には鑠底を画き

西門には鉢

北門には梵甲なり。

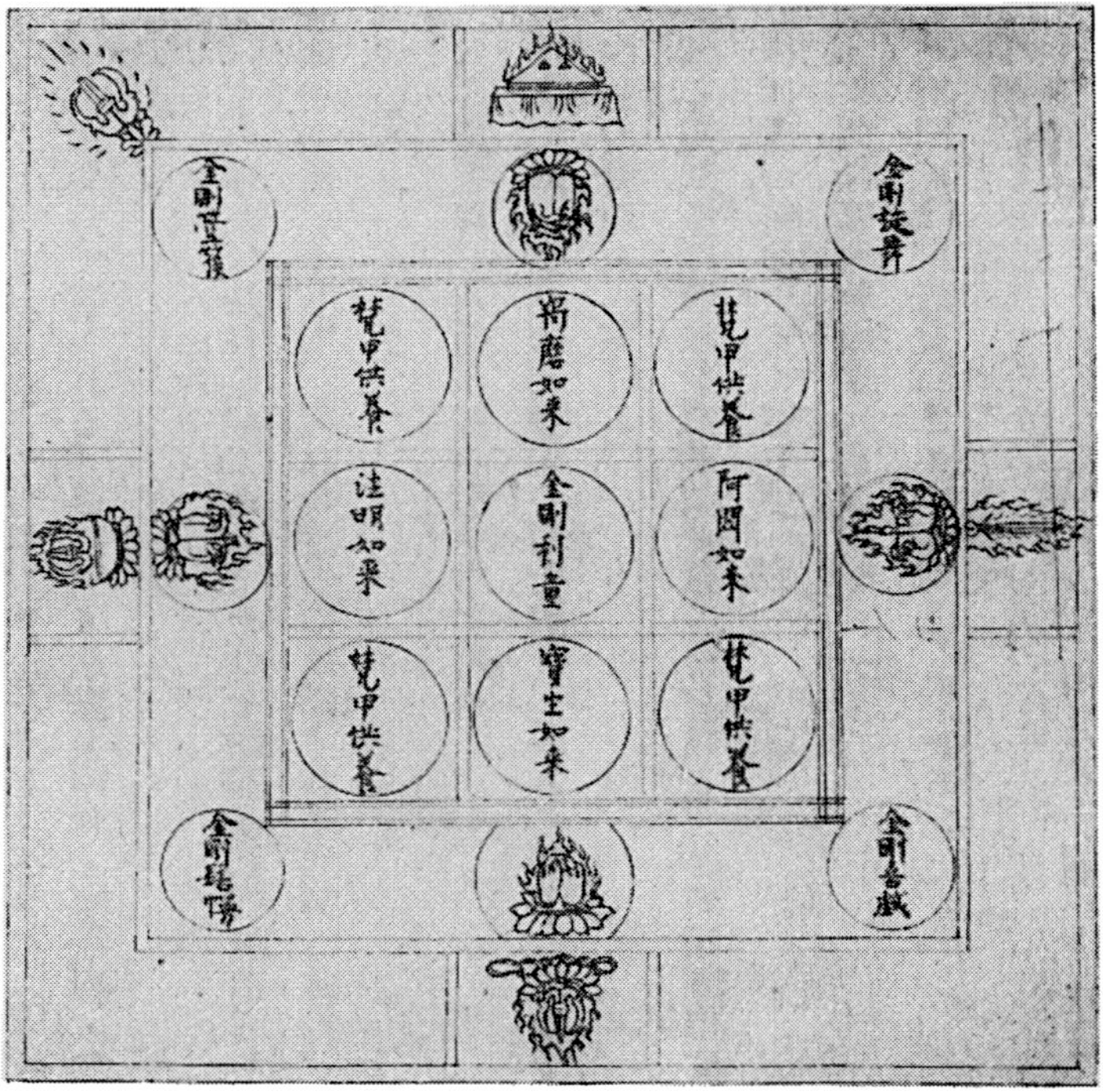

第16図　金剛文殊師利童真壇第八（大正新脩大蔵経図像12巻所収）

第17図　補陀洛院版の字輪曼荼羅

2 再説

時文殊師利童眞。欲三重顯二明此義一故。熙怡微笑。以二自劍一揮三斫一切如來一以。説二此般若波羅蜜多最勝心一。菴

時に文殊師利童真、重ねて此の義を顕明せんと欲するが故に、熙怡微笑し、自らの剣を以て一切如来を揮斫《きしやく》し、以て此の般若波羅蜜多の最勝の心を説きたもう。菴

《文殊師利童真》 mañjuśrī-kumāra-bhūta 文殊菩薩のことである。童真のことについては、平川彰博士『初期大乗仏教の研究』（三三四頁以下）参照。 **《菴》** aṃ

〔訳〕 時に、最上なる智慧の完成者は、ふたたびこの事を明らかに説かんとして、慈顔をほころばし、自らの剣をもってすべての如来を切り、それによって、このさとりの智慧の完成をあらわすもっとも勝れた心真言をお説きになられた。アン

文殊師利菩薩は、剣をもってこだわりのすべてを断ち切る、ということが主題である。

すなわち、三解脱門がその剣ということであろう。文中、〈一切如来を揮斫《きしやく》する〉ということが述べられているが、そのことについて、『理趣釈』巻下（大正一九・六一三c）において、「一切の有情は、無始より輪廻し、四種の識（前五識・第六識・第七識・第八識）のために、無量の虚妄煩悩を積集し、則ち凡夫となる。凡夫の位に在るを、名づけて識となす。聖流に預かるより如来地に至るまでを、名づけて智となす。四智の菩提（大円・平等・妙観・成所の四智）を以て、四種の妄識を対治す。妄識既に除かるれば、則ち熟法智を成ず。若し妄執の法あらば、則ち法執の病を成ず。是の故に智増の菩薩は、四種の文殊師利の般若波羅蜜の剣を用いて、四種の成仏の智（阿閦・宝生・無量寿・不空成就）の能取・所取の障礙を断つ。是の故に、文殊師利は現に四仏の臂を揮斫す」と。文中の一切如来を、ここでは四仏をさすとしているが、その仏の智に執着している、その迷いを断つという意味に解しているようである。

菴 aṃ なる真言については、「菴字とは、覚悟の義なり。覚悟に四種有り。謂ゆる声聞の覚悟、縁覚の覚悟、菩薩の覚悟、如来の覚悟なり。覚悟の名句同じと雖も、浅深異なりあり。自利利他の資糧は、小と大と同じからず。四種の覚悟を以て、総べて一切の世間・出世間・出世間上々を摂す。是の故に文殊師利菩薩は法の自在を得る。故に法王之子と曰う」とある。

第八　纔発心転法輪菩薩の章

1　四種輪法とその曼荼羅

時薄伽梵。一切如來入㆓大輪㆒如來。復說㆘入㆓大輪㆒般若理趣㆖。所謂入㆓金剛平等㆒則入㆓一切如來法輪㆒。入㆓義平等㆒則入㆓大菩薩輪㆒。入㆓一切法平等㆒則入㆓妙法輪㆒。入㆓一切業平等㆒則入㆓一切事業輪㆒。

時に薄伽梵、一切如来の大輪に入りたもう如来は、復た大輪に入りたもう般若理趣を説きたもう。謂ゆる金剛平等に入るは則ち一切如来の法輪に入るなり。義平等に入るは則ち大菩薩輪に入るなり。一切法平等に入るは則ち妙法輪に入るなり。一切業平等に入るは則ち一切事業輪に入るなり。

《一切如来入大輪如来》 sarva-tathāgata cakrāntargatastathāgata 纔発心転法輪如来の異称

である。《大輪》曼荼羅のこと。《金剛平等・義平等・一切法平等・一切業平等》『金剛頂経』に即すれば、金剛界品・降三世品・徧調伏品・一切義成就品の各品において説かれる曼荼羅に配当され、さらには、金剛部・宝部・蓮華部・羯磨部の四種曼荼羅輪をあらわしているとも解される。

〔訳〕その時に、世尊、すべての如来の大曼荼羅に入りたる如来は、また大曼荼羅に入るという智慧の教えをお説きになられた。

金剛のごとき智慧の平等という境地に入ることは、そのまますべての如来の教えに入ることである。利益の平等という境地に入ることは、そのまますべての菩薩の教えに入ることである。すべての存在の平等という境地に入ることは、そのまますべての妙なる真実の教えに入ることである。すべての働きの平等という境地に入ることは、そのまますべての働きの教えに入ることである。

『理趣釈』巻下（大正一九・六一四a）によれば、「金剛平等」とは、金剛輪三摩地のことで、金剛界曼荼羅に入る。「義平等」とは、忿怒輪三摩地のことで、降三世曼茶羅に入る。「一切法平等」とは、蓮華輪三摩地のことで、徧調伏曼荼羅に入る。「一切業平等」と

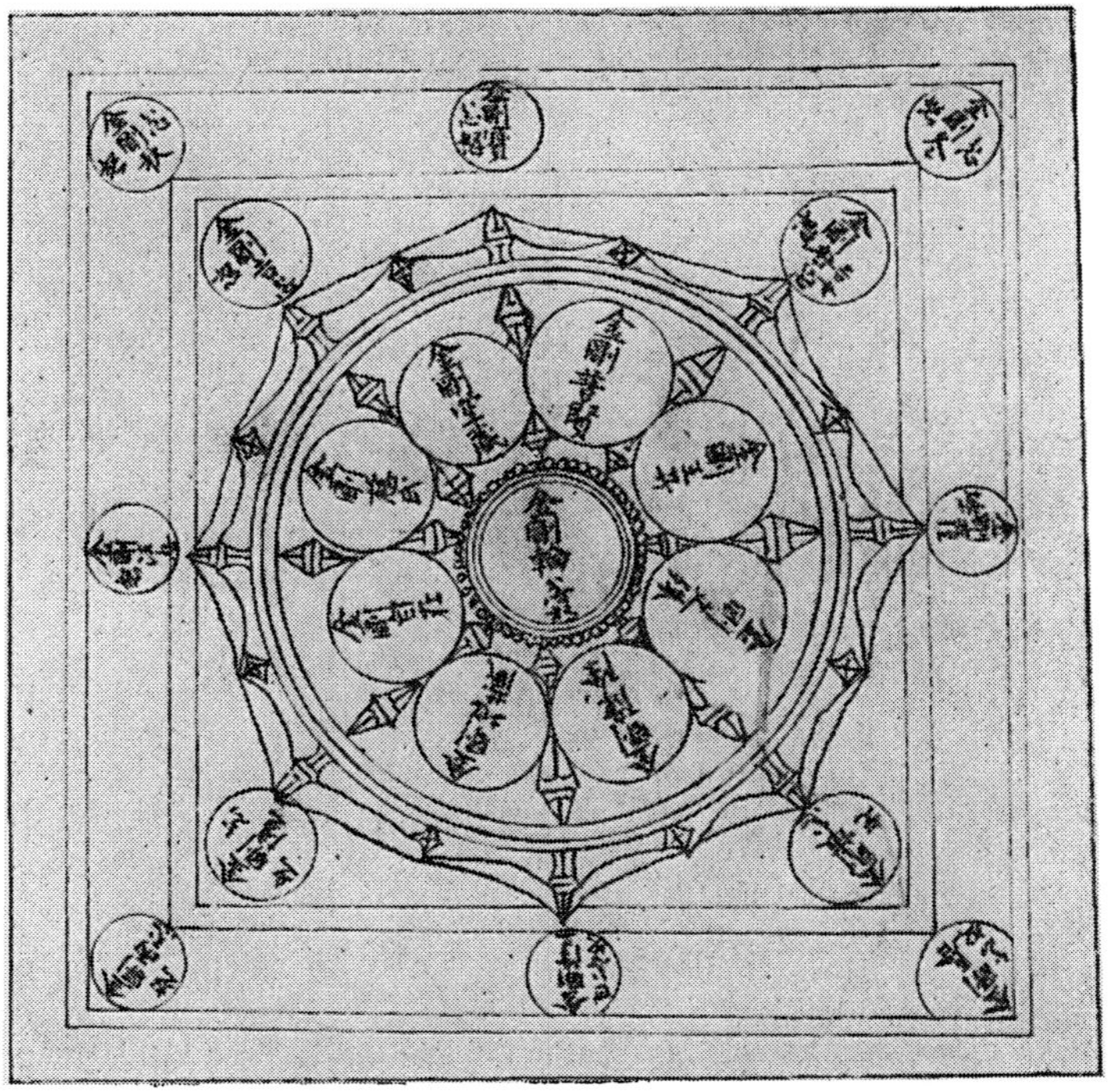

第18図　纔発心転法輪大菩薩壇第九（大正新脩大蔵経図像12巻所収）

第19図　補陀洛院版の入大輪曼荼羅

は、羯磨輪三摩地のことで、一切義成就の曼荼羅に入る、と配釈している。

若し金剛輪菩薩の三摩地を修せんには、応に曼荼羅を建立すべし。八輻輪の形を画き、輪の臍中に当て金剛輪菩薩を画《えが》け、八輻の間に於て八大菩薩を画け、前の如く布き列ねよ。

八輻の外の四隅には、四波羅蜜菩薩を画け。内院の四隅には、四の内の供養を安《お》き、外院の四隅には四の外の供養を安んじ、同院の四門には四菩薩を安く。

東門には金剛薩埵菩薩
南門には降三世金剛
西門には観自在菩薩
北門には虚空蔵菩薩

2 再説

時纔發心轉法輪大菩薩。欲㆔重顯㆓明此義㆒故。熙怡微笑。轉㆓金剛輪㆒說㆓一切金剛三麼耶心㆒。吽

時に纔発心転法輪大菩薩、重ねて此の義を顕明せんと欲するが故に、熙怡微笑し、金剛輪を転じ

て一切金剛三麽耶の心を説きたもう。吽

《纔発心転法輪大菩薩》saha-cittotpāba-pravartinā 纔とは、〃～するやいなや～〃のこと、発心するやいなや法輪を転じようという誓いを内証としている菩薩のこと。《金剛輪》八輻輪曼荼羅。《吽》hūṃ 忿怒相を表す真言。

〔訳〕その時に、すばやくそして巧妙なる説法者は、ふたたびこの事を明らかにしようとして、慈顔をほころばし、八輻輪を転回しつつすべての金剛なる教えに入らんとの誓いの心真言をお説きになられた。フゥーム。

『理趣経』巻下（大正一九・六一四a）では、「金剛三昧耶心とは、吽字是れなり。吽字に四輪の義を具す」と解している。

第九 虚空庫菩薩の章

1 四種供養法とその曼荼羅

時薄伽梵。一切如來種種供養藏以廣大儀式如來。復說二一切供養最勝出生般若理趣一。

所謂發二菩提心一則爲下於二諸如來一廣大供養上。救二濟一切衆生一則爲下於二諸如來一廣大供養上。受二持妙典一則爲下於二諸如來一廣大供養上。於二般若波羅蜜多一。受持讀誦。自書敎レ他書。思惟修習種種供養。則爲下於二諸如來一廣大供養上。

時に薄伽梵、一切如来を種種に供養する蔵を以て広大の儀式にまします如来は、復た一切供養の最勝を出生する般若理趣を説きたもう。

謂ゆる菩提心を発せば、則ち諸の如来に於て広大なる供養と為る。一切衆生を救済すれば、則ち諸の如来に於て広大なる供養となる。妙典を受持すれば、則ち諸の如来に於て広大なる供養となる。般若波羅蜜多に於て受持し、読誦し、自ら書し、他を教えて書せしめ、思惟し、修習し、種種に供養すれば、則ち諸の如来に於て広大なる供養となる。

《一切如来種種供養蔵以広大儀式如来》 sarva-pūjā-viddhi-vistara-bhājanas tathāgata 虚空庫菩薩の異称。プージャーは供え物、バージャナは蔵と訳されているが、容器などを収める意味に解されている。

〔**訳**〕その時、世尊、すべての如来をさまざまに供養する蔵をもって広大なる儀式を行う如来は、またすべての最勝なる供養を成就する智慧の教えをお説きになられた。菩提心を発《おこ》すことは、諸の如来への広大なる供養となる。すべての生きとし生けるものを救済することは、諸の如来への広大なる供養となる。経典を受けたもてば、諸の如来への広大なる供養となる。般若経を受けたもち、読誦し、自ら書写し、他の人に書写させ、よく思惟し、身に修め、さまざまに供養することは、諸の如来への広大なる供養となる。

ここに説かれる四種供養について、『理趣釈』巻下（大正一九・六一四b）では、まず発菩提心供養について、「此れは是れ金剛嬉戯菩薩の三摩地、菩提心の義なり。一切如来は菩提心を以て成仏の増上縁となし、菩提心の法園の楽に於て智波羅蜜のために自ら娯《たの》しむ」とあり、衆生の救済供養については、「此れは是れ金剛鬘菩薩の三摩地なり。浄信の心に由って仏法の大海に入り、七宝の如意宝鬘を得、一切の有情を済抜《さいばつ》し、一切の所求の希願を満たして、一切の有情をして諸の戒品を受けしめ、以て自ら荘厳す」とあり、妙典供養については、「此れは是れ金剛歌菩薩の三摩地なり。此の三摩地に由って、仏の集会の中に於て、能く一切の大乗の甚深の般若波羅蜜を問答するなり」とあり、般若経供養については、「此れは是れ金剛舞供養菩薩の三摩地なり。大精進に由って、金剛毘首羯磨の解脱智を以て、遍ねく無辺の世界に遊んで、諸仏の前に於て広大の供養を以て、請うて一切の仏法の般若波羅蜜等の諸の修多羅を説く。十種の法行を以て、頓に福徳智慧の二種の資糧を積集し、三種身を獲得す」と述べている。要するに、この四種供養は、金剛界三十七尊曼荼羅の内の四供養菩薩の三摩地だというのである。

若し修行者、虚空庫菩薩を成就せんと欲求する者は、応に曼荼羅を建立すべし。中央に虚空庫菩薩を画け。右の手に羯磨《かつま》杵《しょ》を持ち、左の手には金剛拳にして左の胯に於て接し、半跏《はんか》にして月輪の中に坐せり。八大菩薩囲遶せり。

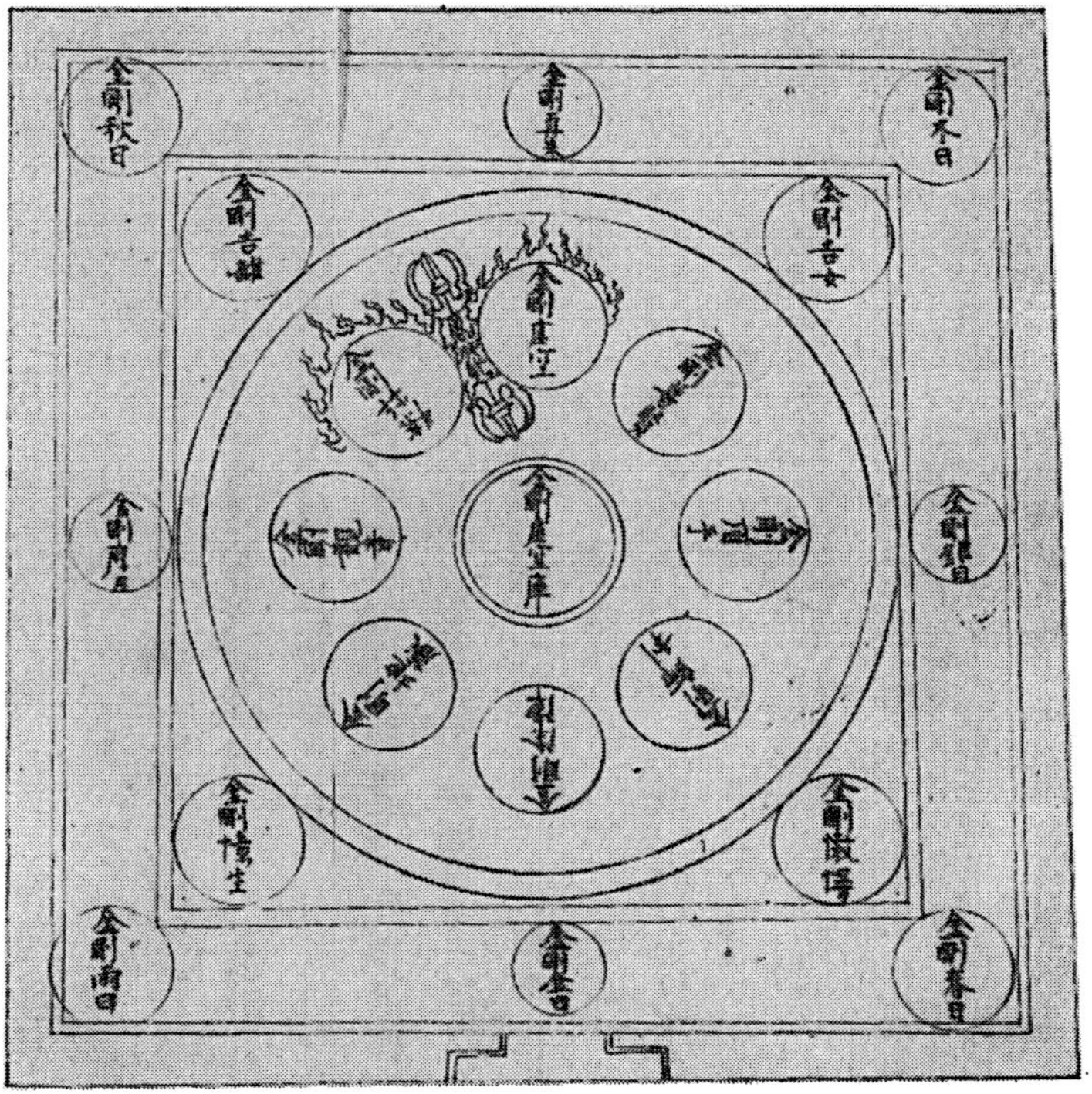

第20図　虚空庫菩薩壇第十（大正新脩大蔵経図像12巻所収）

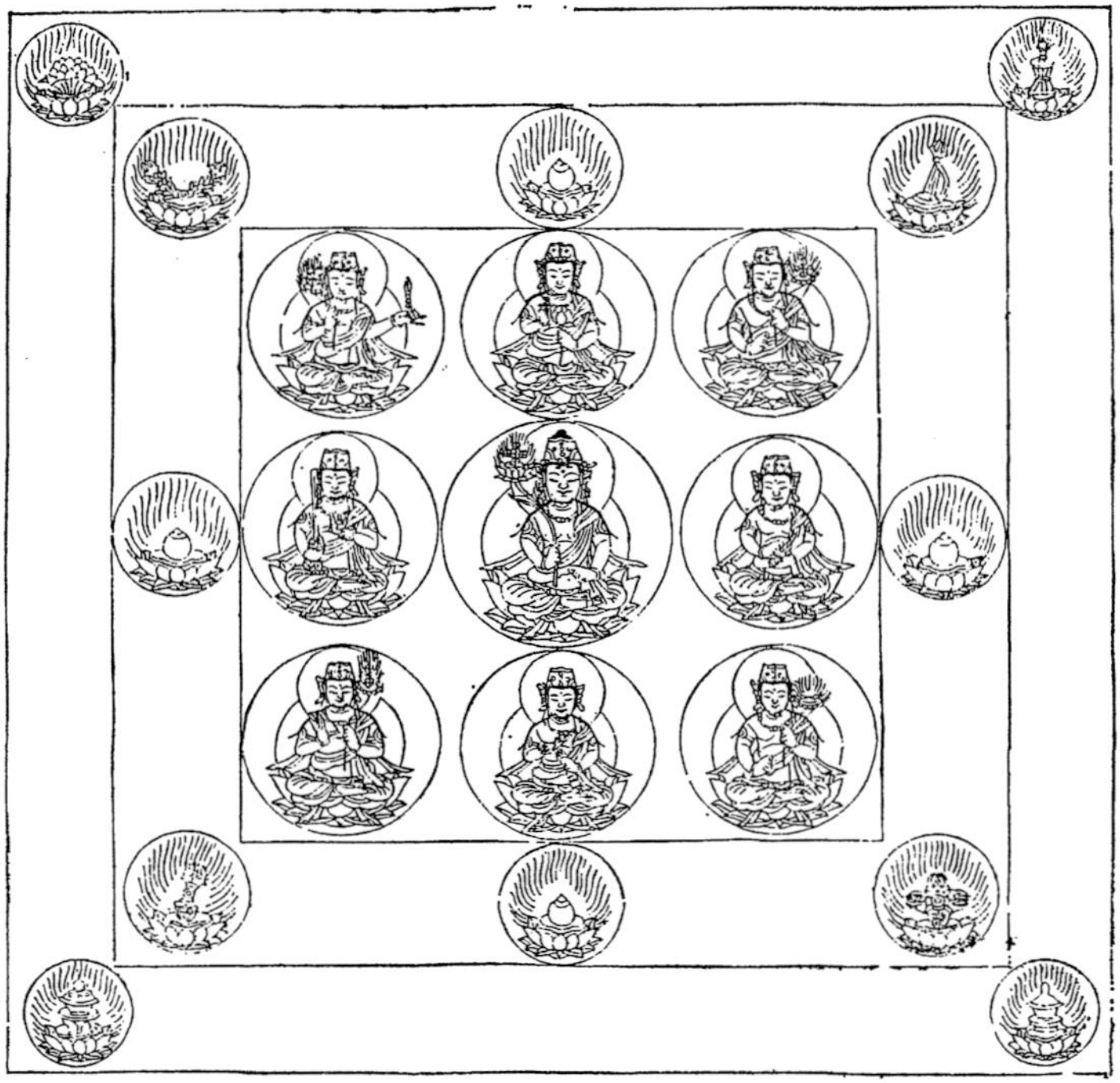

第21図　補陀洛院版の供養曼荼羅

内と外との四隅に八供養を安《お》き、四門に応に四種の宝を置くべし。
東門には銀を置き
南門には金を置き
西門には摩尼宝を置き
北門には真珠を置くべし。

2 再説

時虚空庫大菩薩。欲三重顕二明此義一故。熙怡微笑。説二此一切事業不空三麼耶一切金剛心一。唵

時に虚空庫大菩薩、重ねて此の義を顕明せんと欲するが故に、熙怡微笑し、此の一切事業の不空三麼耶の一切の金剛の心を説きたもう。唵

《虚空庫大菩薩》gagana-gañjā bodhisattva　《唵》oṃ

〔訳〕時に、無尽無余なる供養者は、ふたたびこの事を明らかにしようとして、慈顔を

ほころばして、この供養の行為には必ず報いがある、とする金剛のごときちかいの心真言をお説きになられた。オン

この真言について、『理趣釈』巻下（大正一九・六一四c）において、「心真言は唵字是れなり。唵字は三身の義あり。亦、無見頂上の義に名づけ、亦、本不生の義に名づく。亦、是れ如来の毫相の功徳の義なり」と説明する。文中の〝三身〟とは、法身・報身・化身のことで、唵字を、a・u・mに分解し、それを三身に当てる、と理解されている。

第十　摧一切魔菩薩の章

1　四種忿怒法とその曼荼羅

時薄伽梵。能調持二智拳一如來。復說二一切調伏智藏般若理趣一。所謂一切有情平等故忿怒平等。一切有情調伏故忿怒調伏。一切有情法性故忿怒法性。一切有情金剛性故忿怒金剛性。何以故。一切有情調伏則爲二菩提一。

時に薄伽梵、能く調し智拳を持したまえる如来は、復た一切を調伏する智蔵の般若理趣を説きたもう。

謂ゆる一切の有情の平等の故に忿怒は平等なり。一切の有情の調伏の故に忿怒は調伏なり。一切の有情の法性の故に忿怒は法性なり。一切の有情の金剛性の故に忿怒は金剛性なり。何を以ての故に。一切の有情の調伏は則ち菩提の為《ため》なり。

《能調持智拳如来》 sarva-vinaya-samārthas tathāgata 摧一切魔菩薩の異称。智拳をもって一切の魔を摧伏する如来ということ。《智拳》智拳印。

〔訳〕その時、世尊、すべてを調伏する智慧を表す印を有せる如来は、またすべてを調伏する智慧の蔵というさとりの智慧の教えをお説きになられた。

すべての生きとし生けるものは平等であるから、忿怒も平等である。すべての生きとし生けるものを調伏するから、忿怒は調伏する働きがある。すべての生きとし生けるものは法そのものであるから、忿怒も法そのものである。すべての生きとし生けるものは金剛そのものであるから、忿怒も金剛そのものである。なぜならば、すべての生きとし生けるものを調伏することは、さとりのためであるからである。

四種忿怒についての解説である。『理趣釈』巻下（大正一九・六一四c以下）では、忿怒の平等については、「是れ金剛降三世の三摩地なり。此の定に由って他化自在魔王を調伏し、受化して仏道に引入したもう」と。忿怒の調伏については、「此れは是れ宝部の中の宝金剛の忿怒三摩地なり。此の定に由って能く摩《ま》醯首羅《けいしゅら》を調伏し、受化して仏道に入るるなり」と。忿怒の法性については、「此れは是れ蓮華部の中の馬頭忿怒観自在の三摩地なり。此の定に由って梵天を調伏し、受化して仏道に入るるなり」と。忿怒の金剛性については、「此れは是れ羯磨部の中の羯磨三摩地なり。此の定に由って那羅延を調伏し、受化して仏道に入るるなり」と各々解釈されている。そして、結論として〈一切の有情の調伏は、則ち菩提の為なり〉とあるのを、「本是れは慈氏菩薩、この菩薩の内に由って慈定に入り、深く難調の諸天を矜愍《きょうみん》し、外には威猛を示して受化を得さしめ、菩提に引入す」と述べるがごとくである。

若し瑜伽者、一切の世間と出世間との魔怨を降伏せんと欲わば、応に金剛薬叉の曼荼羅を建立すべし。

中央には摧一切魔菩薩を画《えが》け
前には魔王天主を安《お》き
右には摩醯首羅を安き
後には梵天を安き
左には那羅延天を安き
内の四隅には応に四部の中の牙の印を置くべし。外の四隅には四の外の供養を安き、四門には応に四種の印契を置くべし。

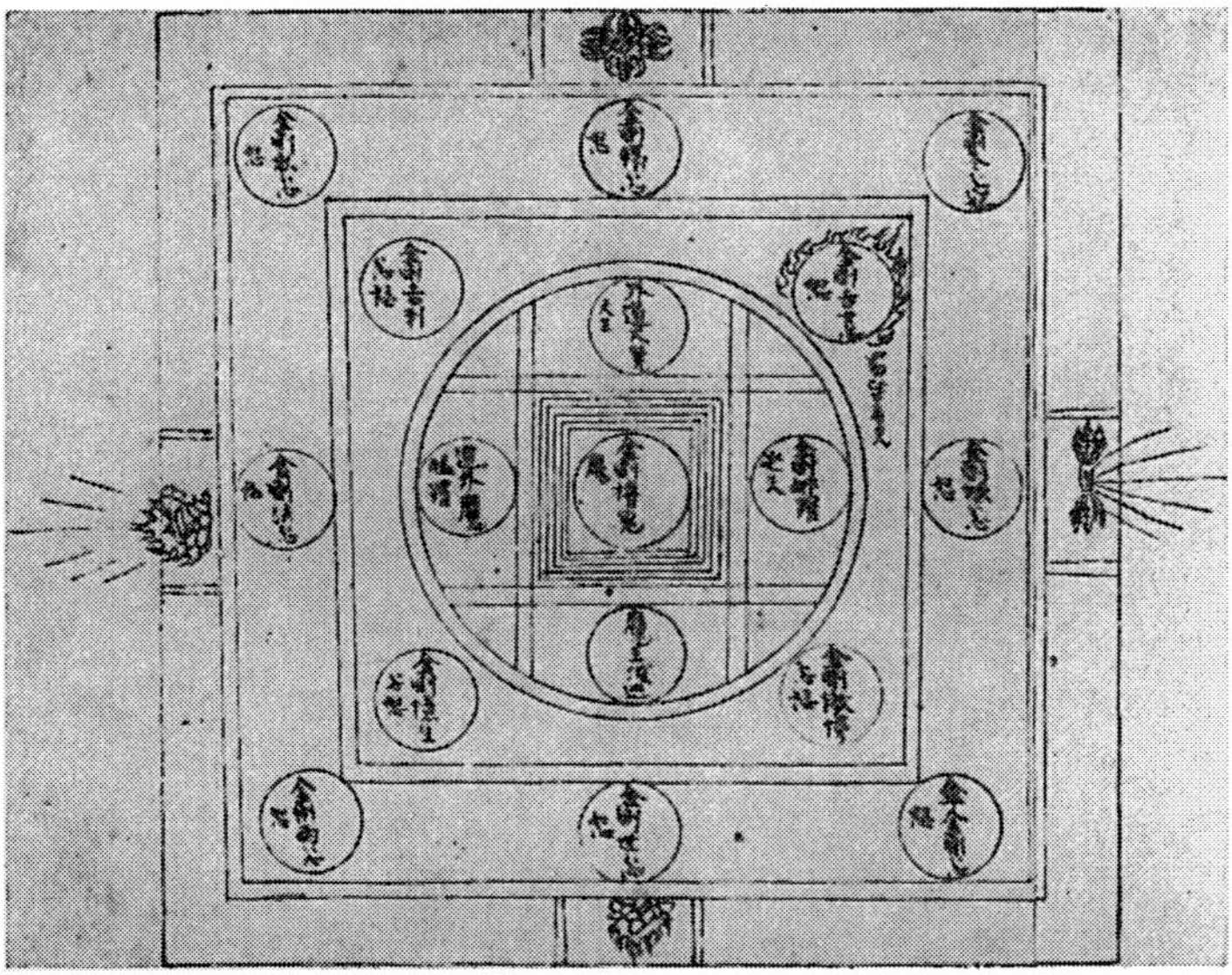

第22図　金剛摧一切魔壇第十一（大正新脩大蔵経図像12巻所収）

第23図　補陀洛院版の忿怒曼荼羅

東門には三股忿怒杵を画け
南門には金剛宝の光焔の熾盛するを画け
西門には金剛蓮華の光明を具するを画け
北門には羯磨金剛の光明偏く流るるを画け

2 再説

時摧一切魔大菩薩。欲㆔重顯㆓明此義㆒故。熙怡微笑。以㆓金剛薬叉形㆒。持㆓金剛牙㆒。恐㆓怖一切如來㆒已。説㆓金剛忿怒大笑心㆒。郝

時に摧一切魔大菩薩は、重ねて此の義を顕明せんと欲するが故に、熙怡微笑し、金剛薬叉の形を以て金剛牙を持し、一切如来を恐怖せしめ已《おわ》って、金剛忿怒大笑の心を説きたもう。郝

《摧一切魔大菩薩》 sarva-māra-pramardin tathāgata 金剛薬叉菩薩の別称である。**《金剛薬叉》** 四大忿怒尊の総称であり、一切の魔障を噉食《かんじき》する金剛牙を現しているのである。**《郝》** haḥ

〔訳〕その時、徹底せる奉仕者は、ふたたびこの事を明らかにしようとして、慈顔をほころばし、ほほえんで、金剛薬叉の姿をもって金剛牙の印を有し、すべての如来を恐れさせて、金剛のごとく堅固な忿怒大笑という心真言をお説きになられた。ハフ。

文中、〃一切如来〃について、『理趣釈』巻下（大正一九・六一五a）には、「一切の外道・諸天は悉く如来蔵を具し、是れ未来仏なり。邪を捨て正に帰せしめるが故に、一切如来を恐怖せしむる、と名づく。如来とは、五怖を離れ、四無所畏を得、能く怖るることなき者なり。今、恐怖するところは、果位の如来に在《ま》しまさず、乃《いま》し因位に在すなり」とあり、いまだ因位にある如来のこと。すなわち如来蔵を有する衆生も、そして外道・諸天も未来仏であるという前提としての、一切如来ということであろう。

さらに、郝字haḥ の真言については、四義を具すとして、一切法本不生の義・因の義の二種の我の義のことであるとし、「一切法本不生の理に迷うことに由って、一切の煩悩の因となる。煩悩の因は二種の我を起す。謂ゆる人我と法我となり。是の故に一切の外道・諸天は、我に執し、法に執す。彼をして調伏せしめ、金剛薬叉の三摩地に入る。即ち此の菩薩の一字の心真言を思い、一切法本不生門に入れば、則ち一切の煩悩の因を離る。煩悩既に離るれば、即ち二種の無我なる人空・法空を証す。則ち真如の恒沙の功徳を顕す。即ち三界九地の妄心より起るところの諸惑・雑染を超越す」とあるがごとくである。

第十一　降三世教令輪の章

1　四種性法とその曼荼羅

時薄伽梵。一切平等建立如來。復説二一切法三麼耶最勝出生般若理趣一。所謂一切平等性故般若波羅蜜多平等性。一切義利性故般若波羅蜜多義利性。一切法性故般若波羅蜜多法性。一切事業性故般若波羅蜜多事業性。應レ知。

時に薄伽梵、一切平等を建立する如来は、復た一切法の三麼耶の最勝を出生する般若理趣を説きたもう。

謂ゆる一切の平等性の故に般若波羅蜜多は平等性なり。一切の義利性の故に般若波羅蜜多は義利性なり。一切の法性の故に般若波羅蜜多は法性なり。一切は事業性の故に般若波羅蜜多は事業性なりと応に知るべし。

《一切平等建立如来》sarvadharma-samatā-pratiṣṭhas-tathāgata 一切衆生は、本来仏と異なることがない、ということを示す仏である。《三麼耶》samaya の音写であるが、ここでは曼荼羅を意味している。《平等性……》前掲の第二段の内容は、金剛平等・義平等・法平等・一切業平等の現等覚ということであった。この四点は、一切の有情・一切の法をその本質上から述べたもので、この四点によって法のすべてをあらわしたものである。

〔訳〕時に世尊、すべては平等であるということを建立する如来は、またすべての曼荼羅のすぐれたる世界を完成させる智慧の教えをお説きになられた。あらゆるものは平等であるから、完全なるさとりの境地も平等そのものである。あらゆるものは利益をもたらすものであるから、完全なるさとりの境地も利益をもたらすものである。あらゆるものは法そのものであるから、完全なるさとりの境地も法そのものである。あらゆるものは行為あるものであるから、完全なるさとりの境地も行為あるものである、と知るべきである。

この一段は、一切法を四種性において摂している段である。前掲の第二段は、毘盧遮那如来の内証を、金剛平等・義平等・法平等・一切業平等の四出生法をもって説いている。

すなわち、教主大毘盧遮那如来と対告衆《たいごうしゅう》たる八大菩薩が説いた各段の教説と曼荼羅がすべて統括されているといわれる。よって、『理趣釈』巻下（大正一九・六一五b）において、その問題の四種性の各々について、「是れ金剛部の大曼荼羅なり。此の曼荼羅に入ることに由って、能く一切の有情は皆、不壊の金剛の仏性有るを悟る」とあるごとくに「一切の平等性」を解している。以下順に、「此れは是れ宝部の曼荼羅なり。此の曼荼羅に入ることに由って、虚空の如き真如の恒河沙《ごうがしゃ》の功徳を証得するが故に。……此れは是れ蓮華部の大曼荼羅なり。此の曼荼羅に入ることに由って、清浄なる法界が蓮華の如く、諸の惑に染まらざることを証悟す。……即ち是れ羯磨部の大曼荼羅なり。此の曼荼羅に入ることに由って、迅疾《じんそく》に身口意の、十方一切の世界の仏の集会に至って、広大なる供養を獲得するなり」と解している。要するに、金剛部・宝部・蓮華部・羯磨部の四部曼荼羅によって、上来述べてきた一切の法門をあまねく集めたものということができよう。

其の壇は輪の形にして三重なり、中の輪には八輻を画《えが》き、竅の中には先ず別に金剛手菩薩を画きて其の竅の中に安き、八輻の中間に八大菩薩を画き、各頭を外に向えよ。又更に一重に五類の外金剛部の諸天を画せよ。謂ゆる上界の天王那羅延等の四種なり。又遊空の日天等の四種の天を画け、又住虚空の四種の頻那夜迦を画け、四方に各

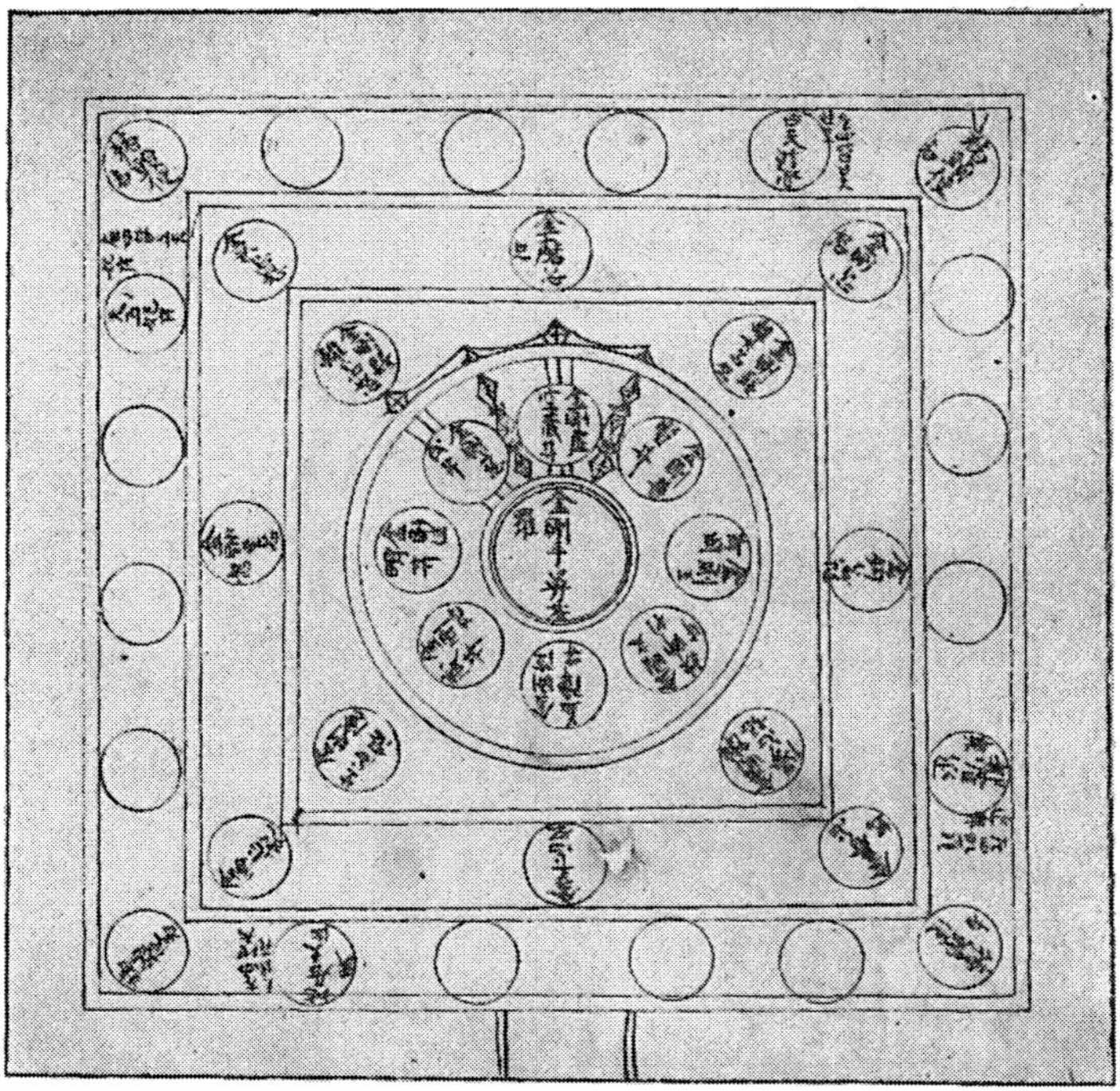

第24図　金剛手壇第十二（大正新脩大蔵経図像12巻所収）

第25図　補陀洛院版の普集曼荼羅

て四門に配す。又地居の主蔵等の四種の天を画け。又地中の猪頭等の四神を画くべし。東北の隅より右に旋って布き列ね帀《めぐ》らしめよ。頭を皆外に向えよ。其の第三重は前の如き五種の天の妃后なり、各本天に配して相対せよ。

2 再説

時金剛手。入二一切如來菩薩三麼耶加持三摩地一。説二一切不空三麼耶心一。吽

時に金剛手は、一切の如来と菩薩との三麼耶の加持の三摩地に入って、一切不空三麼耶の心を説きたもう。吽

《三麼耶》ここでは曼荼羅のことであろう。《吽》hūṃ

〔訳〕その時に、金剛堅固なる菩提心の体現者は、すべての如来と菩薩との集会している曼荼羅に相応する禅定に入られて、すべての誓願が実現するということを示す心真言をお説きになられた。フゥーム

フォームの真言については、前述したとおりである。他に附言することはない（本書一七八頁参照）。

第十二 外金剛部会の章

1 四種蔵法とその曼荼羅

時薄伽梵如來。復說二一切有情加持般若理趣一。所謂一切有情如來藏。以二普賢菩薩一切我一故。一切有情金剛藏。以二金剛藏灌頂一故。一切有情妙法藏。能轉二一切語言一故。一切有情羯磨藏。能作二所作一性相應故。

時に薄伽梵如来は、復た一切有情を加持する般若理趣を説きたもう。

謂ゆる一切の有情は如来蔵なり、普賢菩薩の一切我を以ての故に。一切の有情は金剛蔵なり、金剛蔵の灌頂を以ての故に。一切の有情は妙法蔵なり、能く一切の語言を転ずるが故に。一切の有情は羯磨蔵なり、能く所作を作す性と相応するが故に。

《加持》adhiṣṭhāna の訳語である。六四頁を参照のこと。《如来蔵》tathāgata-garbha 大乗仏教の主要な思想である如来蔵思想の投影であろう。衆生のうちにある仏となる可能性ともいうべきものである。
すなわち、《金剛蔵》以下の三蔵は、如来蔵ということを前提とした展開である。金剛堅固なる悟りの智慧、妙法なる世界を説くこと、そして衆生教化のための妙業をおこすことである。

〔訳〕時に、世尊毘盧遮那如来は、すべての人びとに力をあたえる智慧の教えをお説きになられた。
すべての人びとは、如来たる性を有している。それは菩提心そのものである普賢の本質を有しているから。すべての人びとは、金剛のごとき堅固の性を有している。それは、その金剛のごとき堅固の性をすでに授けられているから。すべての人びとは、法そのものの性を有している。それは言語をもって法を伝えることができるから。すべての人びとは、三密活動の性を有している。それは三密活動そのものが如来のそれと相応するからである。

この章の教主は、毘盧遮那如来である。『理趣釈』巻下（大正一九・六一五c）によれば、一切の有情は如来蔵・金剛蔵・妙法蔵・羯磨蔵であるという命題を解して、おのおの大円鏡智・平等性智・妙観察智・成所作智の性を離れないことと解している。

如来蔵 tathāgatagarbha とは、大乗仏教思想のもっとも重要な思想の一つである。それは、「一切衆生悉有仏性」という主張の根底となっているものであろう。「一切の有情は如来蔵」なりという前提は、まさしくそのことを述べたものであるといえよう。それに続く「普賢菩薩の一切の我なるを以ての故に」とは、普賢菩薩を如来蔵そのものにおきかえてみれば、私たち一人ひとりの主体そのものが如来蔵にほかならないということになるであろう。次の金剛蔵とは、金剛堅固なる悟りの智慧が開発されること、妙法蔵とは、それがたえず言語によって表現されていることであり、羯磨蔵《かつまぞう》とは、衆生教化のために身・口・意にわたって活動されていることであるということであろう。これらは、如来の当体そのものであり、我々衆生一人ひとりのあるべき姿であるともいえよう。

彼等の難調の諸天を対治せんが為に五種の解脱輪を建立す。毘盧遮那仏、世間に同類して摂化せむが為に、摩醯首羅の曼荼羅を説き給う。

中央に摩醯首羅を画いて本形の如くし、八種の天を以て囲遶す。四供養と四門とに各本形を画く。若し世俗に依らば、是れを外の曼荼羅と名づく。若し勝義に依らば、則

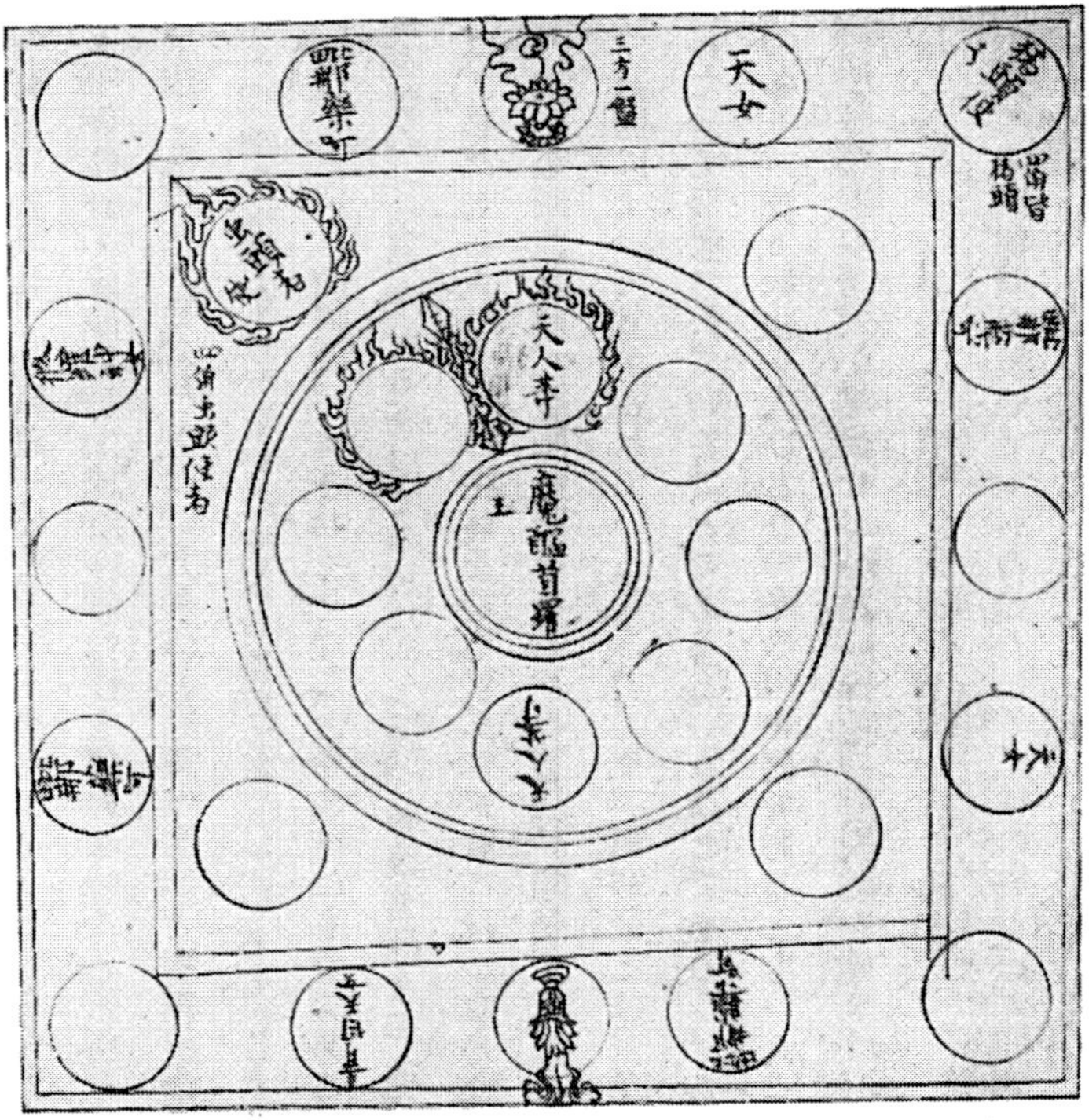

第26図　摩醯首羅王壇第十三（大正新脩大蔵経図像12巻所収）

第27図　補陀洛院版の有情加持曼荼羅

ち普賢の曼荼羅と為すなり。

2　再説

時外金剛部。欲三重顯二明此義一故。作二歡喜聲一。説二金剛自在自眞實心一。怛嚹二合

時に外金剛部、重ねて此の義を顕明せんと欲するが故に、歓喜の声を作して、金剛自在の自の真実の心を説きたもう。怛嚹《タラ》二合

《外金剛部》 曼荼羅の外側の四方に配される諸神のことである。　**《怛嚹二合》** trī

〔訳〕 時に仏教の外護者である諸神は、ふたたび、この教えを明らかにしようとして、歓喜の声をあげ、金剛のごとき堅固で、自由なる自己の真実なる真言を説かれた。トリー。

「外金剛部」とは、金剛界曼荼羅では外院二十天として数えられる諸天を直接指示するも

のであろう。例えば、那羅延天・倶摩羅天・梵天・帝釈天・日天・月天等である。『理趣釈』巻下（大正一九・六一五c）では、「外金剛部は摩《ま》醯首羅《けいしゅら》等の二十五種類の諸天なり」とある。

心真言である怛囉《たり》とは trī のこと。ta と ra とによって構成されているとし、ta とは、tathā（真実）という意味があり。ra とは、rajas（塵垢）という意味があることより、『理趣釈』巻下（大正一九・六一六a）には、「心真言とは怛唎字なり。怛字は真如の義なり。……唎字は塵垢の義なり。塵垢とは五蓋の義にして、よく真如を蓋覆す。この故に、五趣は生死の輪中に輪廻す。彼等難調の諸天を対治せんが為に、五種の解脱輪を建立す」とある。五種の解脱輪とは、金剛界曼荼羅上の中央大日・阿閦・宝生・弥陀・不空成就の五智如来の住する月輪のことである。

第十三　七母女天の章

爾時七母女天。頂禮佛足。獻鉤召攝入能殺能成三麼耶眞實心。毘欲二合

爾の時、七母女天は、仏足を頂礼し、鉤召し摂入し、能く殺し、能く成ずる三麼耶の真実の心を献ず。毘《ビ》欲《ヨク》二合

《七母女天》当経には、七種の女天の名称は記されていない。ただ『大日経義釈』第七には、炎魔天母（Yāmī, Cāmuṇḍā）、童子天母（Kaumārī）、毘紐天母（Vaiṣṇavī）、倶吠羅天母（Kauverī）、帝釈天母（Aindrī）、暴悪天母（Raudrī）、梵天母（Brāhmī）、であることを記している。宮坂宥勝博士は、七母女天の原型はヒンドゥー教のサプタマートリカー（Sapta mātrikā 七母神）であって、その起源は、インダス文明時代まで遡ることができると述べておられる。

《毘欲二合》bhyo

〔訳〕その時、七人の女神は世尊を礼拝し、すべての人びとを仏の教えにちかづけ、引き入れ、よからぬ心を殺し、さとりを完成せしめようと誓願する、自己の真実なる真言をささげられた。ビョー

『理趣釈』巻下（大正一九・六一六a）には、七母女天について、摩訶迦羅天の眷属であること。そして、梵天母をあわせて八供養を表すことを述べているが、詳しくは不明である。文中の鈎召・摂入・能殺・能成については、「献奉鈎召とは、金剛鈎印を以て、よく一切の両足多足等の諸の有情の類を召す。摂入とは、金剛索印を以て曼荼羅に引入し、及び仏道に引入す。能殺とは、正法を毀壊《きえ》するを殺害す。多くの有情を損害すとは、不善心を殺害するなり、能成とは、真言行を修せしめ、世間の障難を離れて、速やかに悉地を得さしむるなり」とあることで明らかであろう。心真言の毘欲字については、「毘字は一切法の三有不可得、欲字は一切乗不可得なり」とあり、bhyo を bha と ya とに分解し、bha とは、bhava（有）、ya とは、yāna（乗）と解していることがわかる。「三有情によって、種々に愛楽し勝解すること不同なり。この故に、如来、世に出興して五乗を説きたもう」とあるごとく、外金剛部に摂せられる諸神たちのおのおのの信仰も、大きく如来の

種々なる説法のなかにくくりこまれることを明らかにしたのであろう。

此の天等に亦曼荼羅あり、

中央には摩訶迦羅を画き、七母天を以て囲遶す。具には広経に説く所の如し、摩訶迦羅とは大時の義なり、時というは謂わく三世の障礙なきの義なり、大とは是れ毗盧遮那法身は処として偏からずと云うことなし。七母女天とは梵天母を并せて八供養の菩薩を表す事を以て理を顕す。

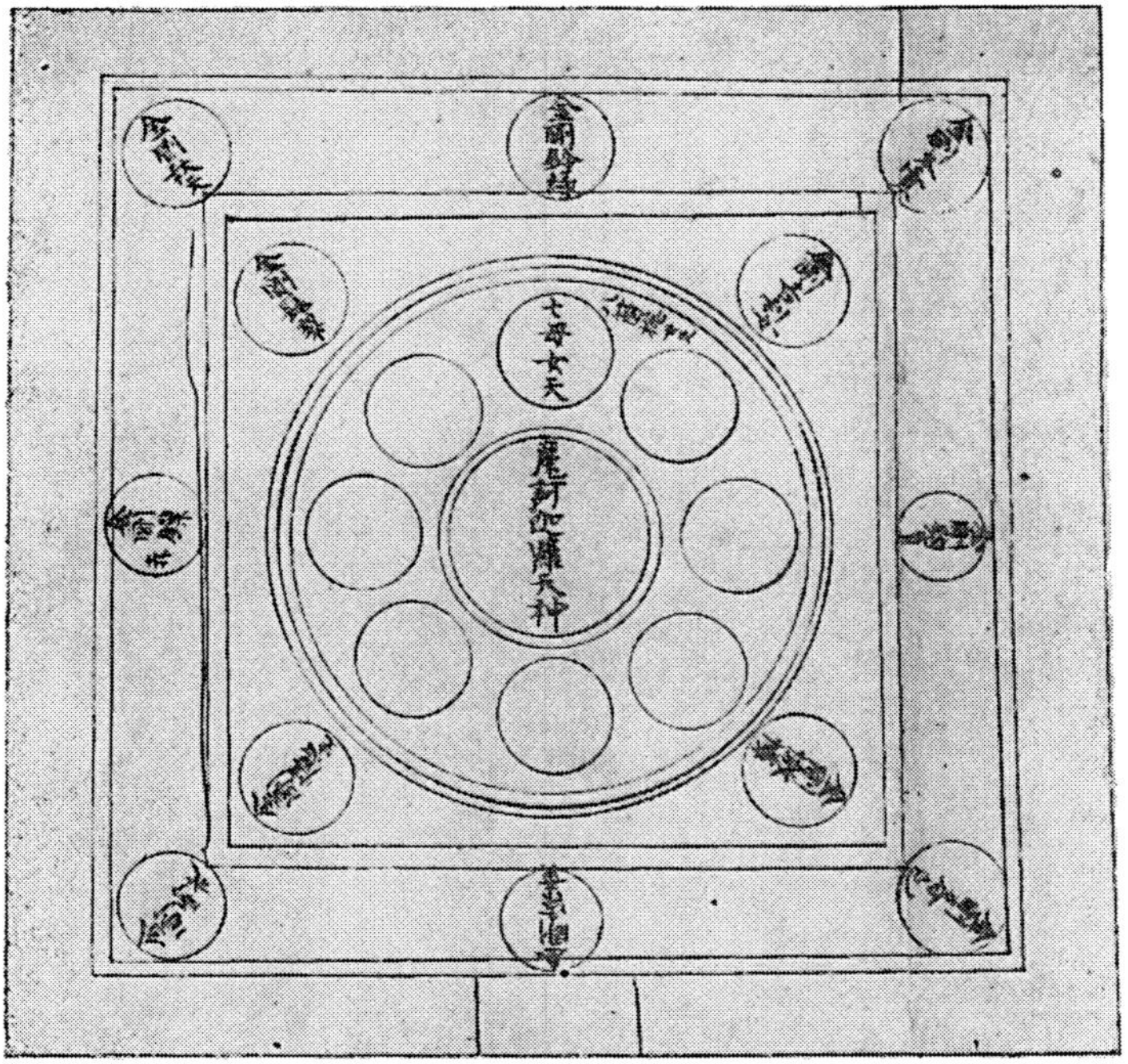

第28図　摩訶迦羅天神姉妹集会第十四（大正新脩大蔵経図像12巻所収）

第29図　補陀洛院版の諸母天曼荼羅

第十四　三兄弟の章

爾時末度迦羅天三兄弟等。親禮二佛足一獻二自心眞言一。娑嚩二合

爾の時、末度迦羅天三兄弟等は、親しく仏足を礼し、自心の真言を献ず。娑嚩二合

《末度迦羅天三兄弟》 Madhukara の音写で、梵天（Brahmā）の異名である。それに大自在天すなわちシヴァ神（Śiva）、那羅延天すなわちヴィシュヌ（Viṣṇu）を加えた三神のことである。この三神は、ヒンドゥー教の最高神である。**《娑嚩》** svā

〔訳〕 その時、マドゥーカラをはじめとする三人の神たちは、仏を礼拝し自己の真実なる真言をささげられた。スヴァー

ブラフマンは天地創造の神。ヴィシュヌは創造された世界をまもり、シヴァはそれを破壊する神である。共にヒンドゥー教の最高神である。『理趣釈』巻下（大正一九・六一六b）では、「麼度羯囉三兄弟は、是れ梵王・那囉延・摩醯首羅の異名なり」とある。さらに、薩嚩字について、「薩字は、則ち一切法平等なること虚空の如く、嚩字は、一切法言説不可得なり」とある。薩は satya の音写で真実を意味し、嚩は va の音写で、vāc すなわち言説を意味する。よって、すべての存在は本来平等であるところの真実であり、言説で表現することはできない。それはあたかも虚空（ākāśa）のごときものであるというのである。

此の天も亦曼荼羅あり、曼荼羅は画すること弓の形の如くせよ。三天次第に而も画せよ。儀軌法則は広経に説く所の如し、文繁なるをもて復具に引かず。此の三天は仏法の中の三宝と三身とを表す。仏宝とは是れ金剛薩埵なり。法宝とは是れ観自在菩薩なり。僧宝とは是れ虚空蔵なり。此の三宝は皆毗盧遮那心の菩提心の中従り流れ出づ。亦は三法兄弟と名づく。事を以て理を顕すなり。

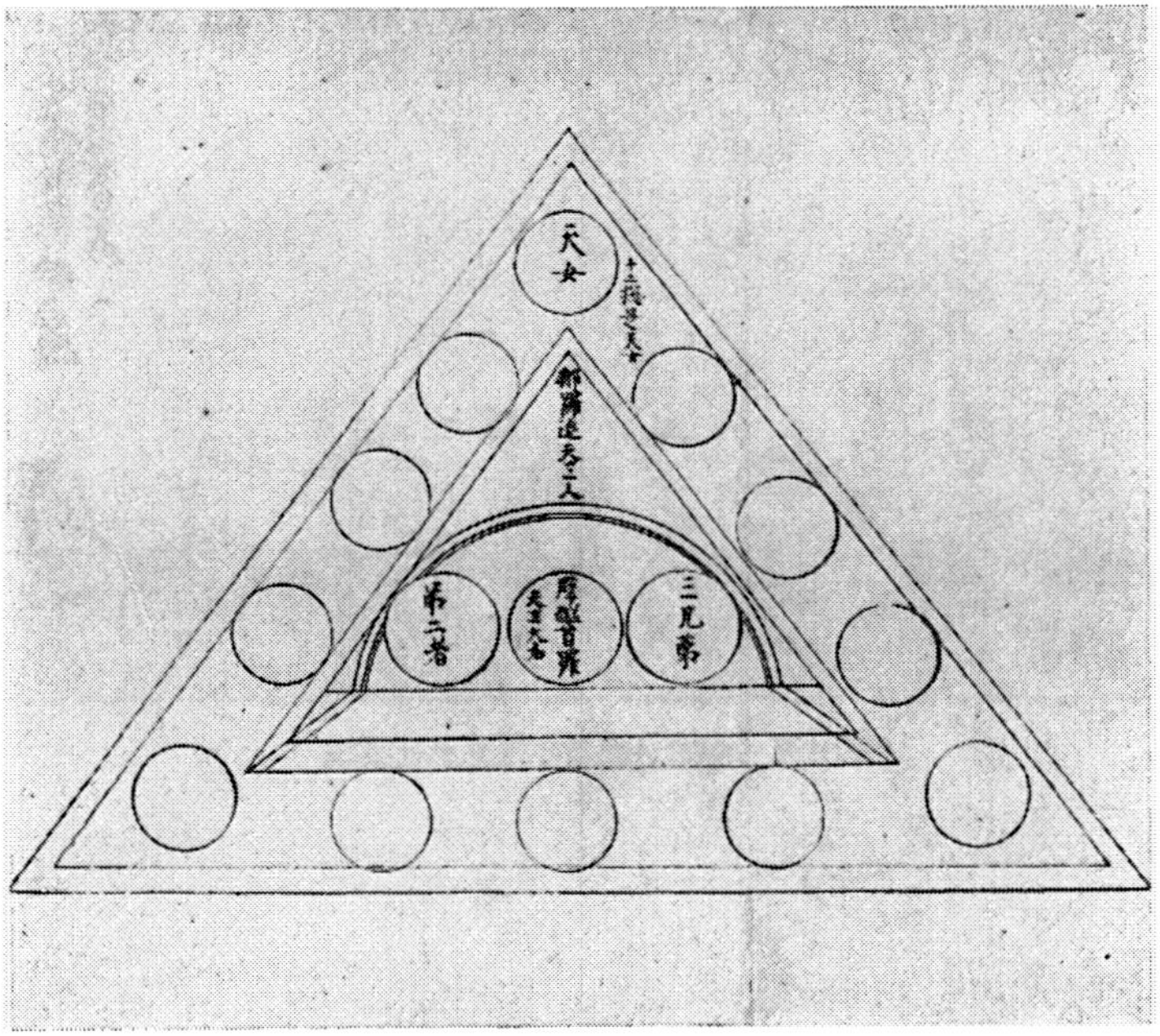

第30図　那羅延三兄弟第十五（大正新脩大蔵経図像12巻所収）

第31図　補陀洛院版の三兄弟曼荼羅

第十五　四姉妹女天の章

爾時四姉妹女天。獻二自心眞言一。唅

爾の時に四姉妹女天は、自心の真言を献ず。唅《ガン》

《四姉妹女天》 惹耶・ジャヤー（Jayā）、微惹耶・ヴィジャヤー（Vijayā）、阿爾多・アジター（Ajitā）、阿波囉爾多・アパラージター（Aparājitā）のこと。大自在天の四眷属である。

《唅》 haṃ

〔訳〕 そのとき四姉妹の女神は、自己の真実なる真言をささげられた。ハン

この四姉妹女天は、胎蔵界曼荼羅上の文殊院に文殊の眷属として登場している（栂尾全

集Ⅳ『曼荼羅の研究』一七四頁を参照)。そこでの音写は、惹耶・肥者耶・阿耳多・阿波羅耳多で、兄とされる瞳母嚕(Tumburu)も記されている。『理趣釈』巻下(大正一九・六一六b)では、「都牟盧天」とある。さらに、「四姉妹とは、瑜伽中の四波羅蜜を表す。謂ゆる常波羅蜜・楽波羅蜜・我波羅蜜・浄波羅蜜是れなり」とも記している。心真言の峆については、haṃ を ha→hetu(因)と、ma→mama(吾我)とを組み合せたものとし、「峆字の真言とは、一切法の因不可得にして、その真言の中に莽(ma)字を帯し、一切法の我不可得を詮す」といっている。

此の四天も亦曼荼羅あり、中央には都牟嚧天を画き、此の天は四姉妹の兄なり、東・西・南・北に各一の天女を画けよ。其の軌則《ごっそく》は広経に説く所の如し。四姉妹とは、瑜伽の中の四波羅蜜を表す。謂ゆる常波羅蜜と楽……と我……と浄……と是れなり。都牟盧と毗盧遮那仏を表す。

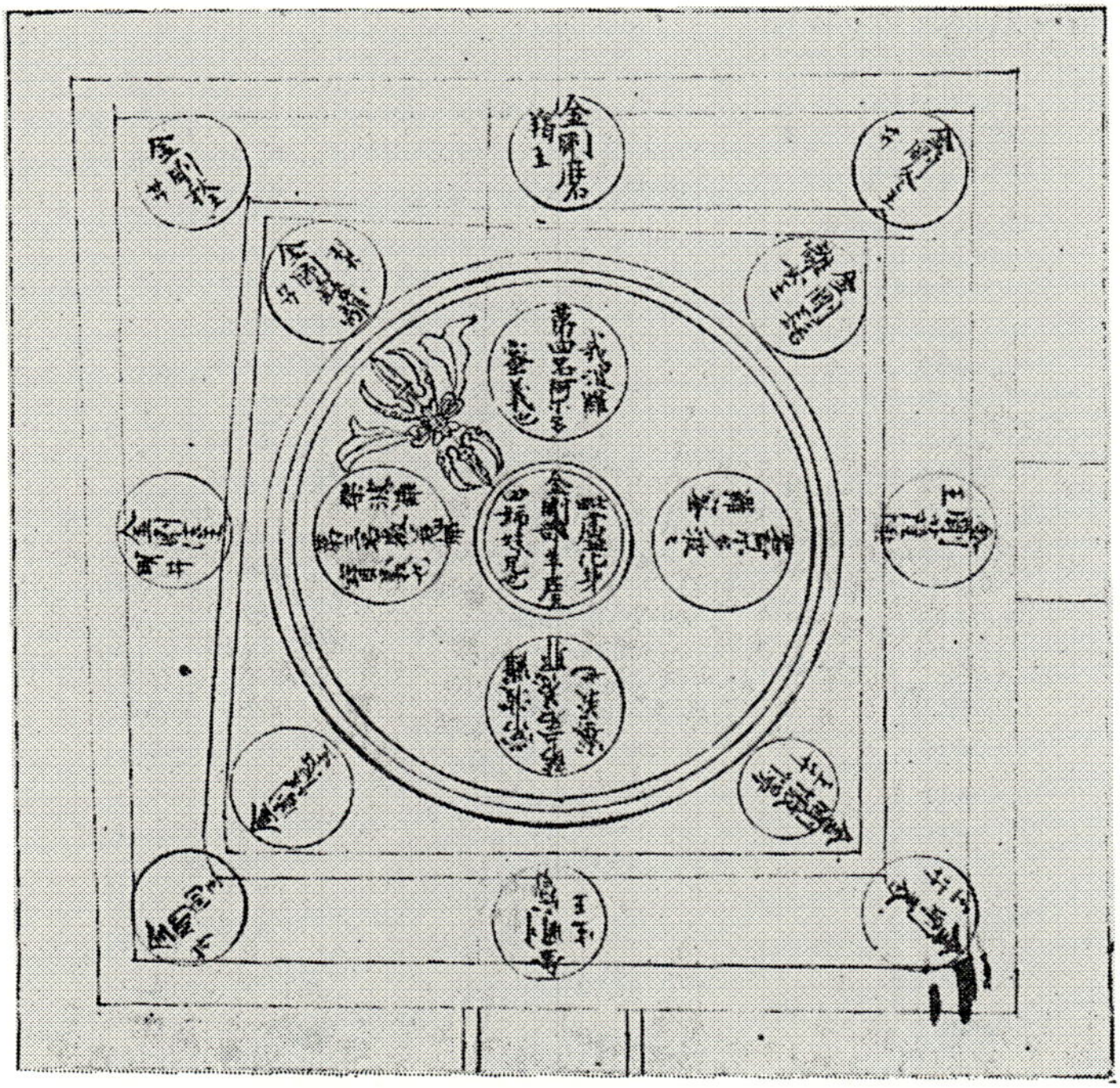

第32図　外金剛四姉妹真教不一不異第十六（大正新脩大蔵経図像12巻所収）

第33図　補陀洛院版の四姉妹曼荼羅

第十六 四波羅蜜部中大曼荼羅の章

1 五部具会法とその曼荼羅

時薄伽梵。無量無邊究竟如來。爲レ欲下加二持此教一令中究竟圓滿上故。復說二平等金剛出生般若理趣一。所謂般若波羅蜜多無量故。一切如來無量。般若波羅蜜多無邊故。一切如來無邊。一切法一性故。般若波羅蜜多一性。一切法究竟故。般若波羅蜜多究竟。

時に薄伽梵、無量無辺究竟如来は、此の教を加持して究竟し円満せしめんと欲《おも》うが為の故に、復た平等金剛を出生する般若理趣を説きたもう。

謂ゆる般若波羅蜜多は無量の故に一切如来は無量なり。般若波羅蜜多は無辺の故に一切如来は無辺なり。一切法は一性の故に般若波羅蜜多は一性なり。一切法は究竟の故に般若波羅蜜多は究竟なり。

《無量無辺究竟如来》毘盧遮那如来の異名である。《一性》真実と同一性ということ。

〔訳〕時に世尊、無量なる教えと無辺なる智慧を体得された如来は、いままで説かれてきた教えに相応し、徹底し、円満させようとして、また、平等で金剛のごとく不変なる世界を実現させる般若の教えをお説きになられた。

いわゆる完全なるさとりは、無量なるものであることをもって、すべての如来も無量である。完全なるさとりは、無辺なるものであることをもって、すべての如来も無辺である。すべての存在は、真実と同一なるものであることをもって、完全なるさとりも真実と同一である。すべての存在は、究極なるものであることをもって、完全なるさとりも究極なるものである。

『理趣釈』においては、各章の題名が指示されていたが、この部分の章題がない。空海は、『真実経文句』(『弘大全』第一輯、七三四頁)に「十六には、四波羅蜜部中大曼荼羅章」と名称を付しており、ここでもそれを採用しておこう。ここの主題は、完全なるさとり、いうところの真実なるものは、無量・無辺・一性・究竟の四種によって表現されているわけである。そして、この四つの場面は、前半の無量・無辺は、般若波羅蜜多が主語であった。後半の一性・究竟は、一切法が主語である。ようするに、悟りの世界と現実の世界が共に、無量・無辺・一性・究竟という点でまったく相違していないことをあらわしているのであろう。『理趣釈』巻下（大正一九・六一六bc）では、「謂ゆる般若波羅蜜は無量の故に、一切如来は無量なりとは、此れ金剛部の中の曼荼羅に皆五部を具し、一一の聖衆に無量の曼荼羅を具し、四印等もまた無量なることを顕す。般若波羅蜜多は無辺の故に、一切如来は無辺なりとは、宝部の中に五部の曼荼羅を具し、四印等もまた無辺なることを顕すなり。一切の法は一性の故に、般若波羅蜜多は一性なりとは、蓮華部の中に五部の曼荼羅を具し、四印等は同一の清浄の法界性なることを顕すなり。一切の法は究竟の故に、般若波羅蜜多は究竟なり、とは、羯磨部の中に五部の曼荼羅を具し、四印に等しくして究竟の無住涅槃に至ることを顕すなり」とある。ようするに四つの命題を金剛部・宝部・蓮華部・羯磨部の各々に他を具していることを記している。般若波羅蜜多の世界と一切法の世界、ようするに仏の悟りの世界と現実の世界とは、共に無量・無辺・一性・究竟であるこ

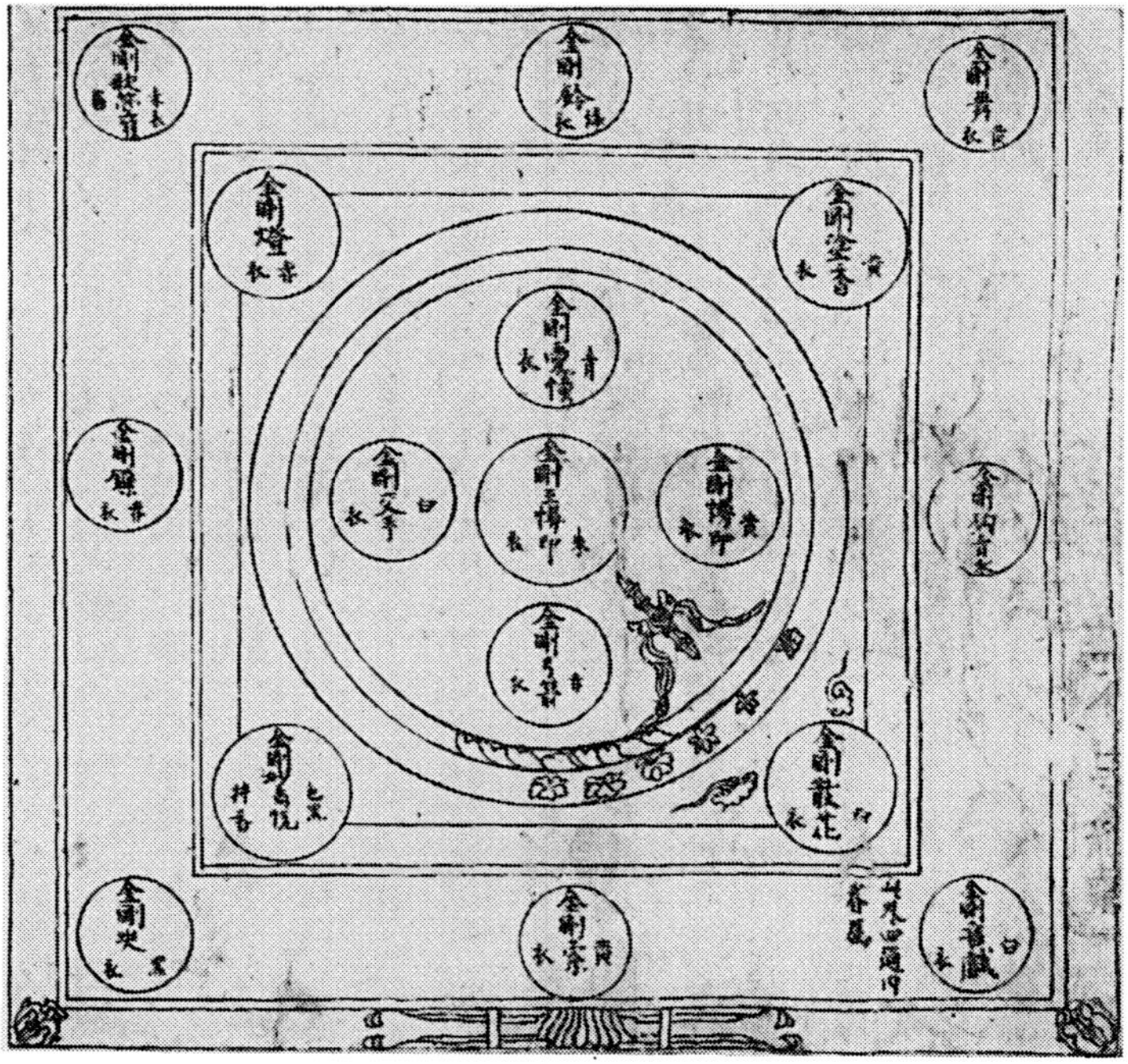

第34図　各具五部壇（大正新脩大蔵経図像12巻所収）

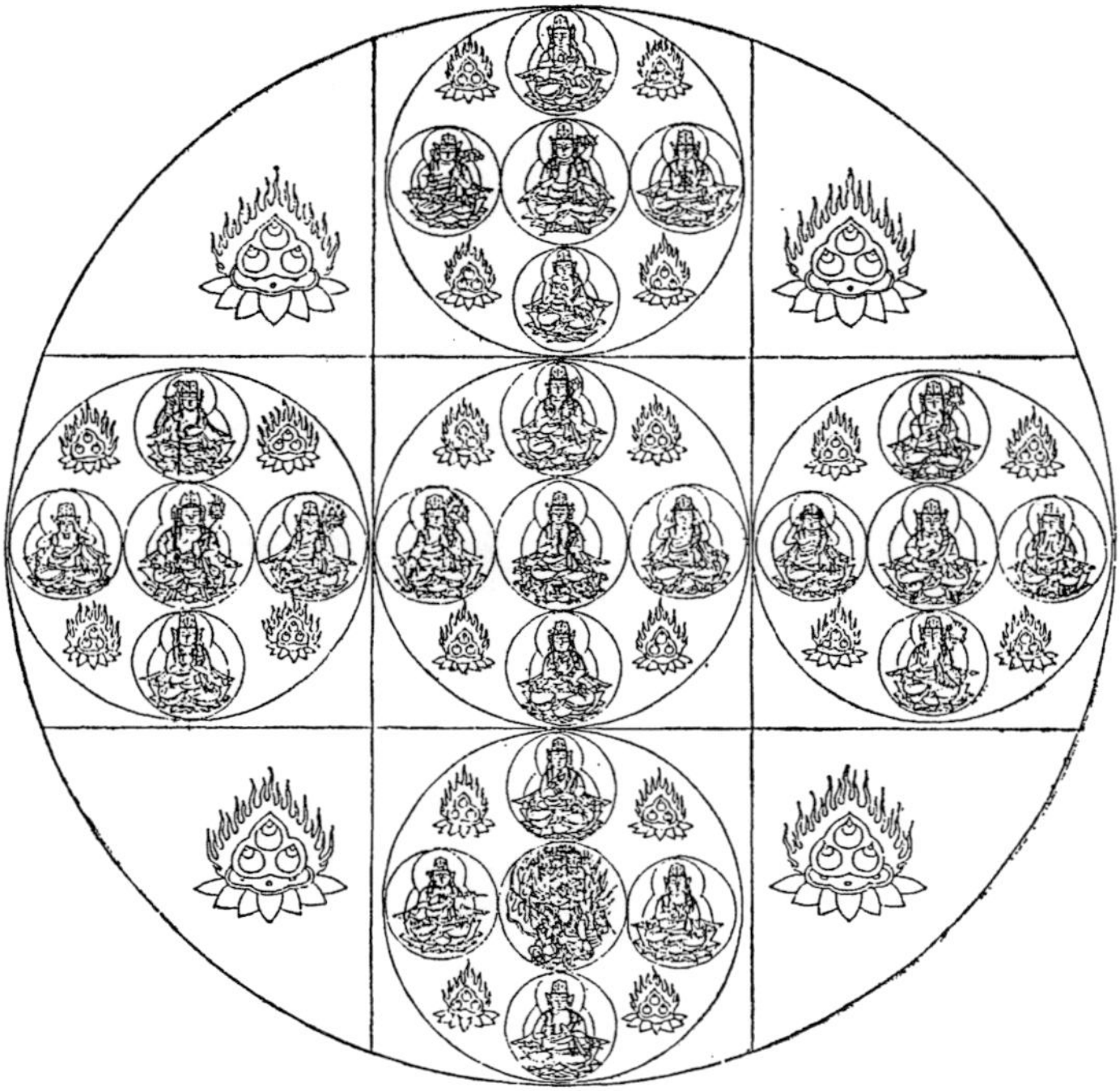

第35図　補陀洛院の各具五部曼荼羅

とによって同一なるものであるということであろう。そのことは、四つの命題の前半を般若波羅蜜多、後半は一切法を主語としていることによってうかがうことができよう。

今、修行曼荼羅の像は、同一蓮華同一円光なり。
中央に金剛薩埵菩薩を画き
右の辺に二種の明妃の各本形を画き
左の辺に亦二種を画く
具には金泥曼荼羅の像の東南の隅の如き是れなり。

2 利益

金剛手。若有㆘聞㆓此理趣㆒。受持讀誦思㆗惟其義㆖。彼於㆓佛菩薩行㆒皆得㆓究竟㆒。

金剛手よ、若し此の理趣を聞きて、受持し読誦し、其の義を思惟すること有らば、彼の仏・菩薩の行に於て皆究竟することを得ん。

《仏・菩薩の行》 利他行の完成ということであろう。六波羅蜜行のこと。布施・持戒・忍辱・精進・禅定・智慧の完成。

〔訳〕菩提心の堅固なるものよ、もしもこの教えを聞き、たもち、読誦し、その意味を深く考察すれば、その人は、仏・菩薩の実践行の究極なるものを体得するであろう。

各段の終りに、この経典の読誦の功徳が高揚されている。この部分もまさしくそのような文句であろう。このことは、「般若経」の一経であるということの特色であり、『般若心経』がそうであるごとくである。当経が、インドに於て読誦経典として意識されていたことについて、左のごとき記述がある。それは金剛智（六七一―七四一）訳『観自在如意輪菩薩瑜伽法要』（大正二〇・二一五c）のなかに、「聖者、発遣し已って自から本尊観に住し、或は閑静処において摩訶衍を転読すべし。楞伽・花厳・般若及び理趣、是の如き等の経教を思惟し而も修習し」とあり、明らかに、大乗の代表的な経典として、『楞伽経』・『華厳経』・『般若経』・『理趣経』があげられ、それらの経典の誦読が勧められていることを注意しておこう。

第十七　五種秘密三摩地の章

1　五種秘密三摩地法とその曼荼羅

時薄伽梵。毘盧遮那。得一切祕密法性無戯論如來。復説最勝無初中後大樂金剛不空三麽耶金剛法性般若理趣。

所謂菩薩摩訶薩大慾最勝成就故。得大樂最勝成就。菩薩摩訶薩大樂最勝成就故。則得一切如來大菩提最勝成就。菩薩摩訶薩得一切如來大菩提最勝成就故。則得一切如來摧大力魔最勝成就。菩薩摩訶薩得一切如來摧大力魔最勝成就故。則得遍三界自在主成就。菩薩摩訶薩得遍三界自在主成就故。則得淨除無餘界一切有情住著流轉。以大精進常處生死。救攝一切利益安樂最勝究竟皆悉成就。

時に薄伽梵、毘盧遮那、一切の秘密の法性を得て無戯論なる如来は、復た最勝にして初・中・後無き、大楽金剛不空三麼耶の金剛法性の般若理趣を説きたもう。謂ゆる菩薩摩訶薩、大慾の最勝の成就の故に大楽最勝の成就を得る。菩薩摩訶薩、大楽最勝の成就の故に、則ち一切如来の大菩提の最勝の成就を得る。菩薩摩訶薩、一切如来の大菩提の最勝の成就を得るが故に、則ち一切如来の大力の魔を摧く最勝の成就を得る。菩薩摩訶薩、一切如来の大力の魔を摧く最勝の成就を得るが故に、則ち三界に遍ずる自在の主たる成就を得る。菩薩摩訶薩、三界に遍ずる自在の主たる成就を得るが故に、則ち無余界の一切の有情を浄除するために流転に住著し、大精進を以て常に生死に処して一切を救摂し、利益し安楽ならしむる最勝の究竟を皆悉く成就することを得る。

《一切秘密法性無戯論如来》 Vairocana-sarvatathāgata-guhya-dharmatā prāpta dharmā-prapañca 毘盧遮那如来の異名である。すべての存在の秘密なる真実のあり方を得て、対立をこえた三摩地に住している毘盧遮那如来ということであろう。

〔**訳**〕その時、世尊毘盧遮那如来は、すべての存在の秘密なる真実のあり方を知り、すべての相対的な分別を超越せられた境地にありて、そのもっとも勝れて初・中・後のへだてなく、大楽なる世界が金剛のごとくに堅固であり、むなしくないものであるといわれる真実なる世界を悟らんとする金剛のごとく不変なる法そのものである教えをお説きになられた。
いうところの、大欲が最高に成就された菩薩に、大楽が最高に成就されることになる。大楽が最高に成就された菩薩に、すべての如来の大いなるさとりが最高に成就されることになる。すべての如来の大いなるさとりが最高に成就された菩薩に、すべての如来が兇悪なる悪魔をくだく最高の成就を得ることになる。すべての如来が兇悪なる悪魔をくだく最高の成就がなされた菩薩に、三界に自在に遍んずる主となる成就を得ることになる。三界に自在に遍んずる主となることを成就された菩薩に、すべての迷いの世界に輪廻している人びとを救済するため、輪廻のなかに住し、大努力によって常に迷いの世界にあって人びとを救済し、幸福と安楽とをもたらす最高の境界のすべての成就を得ることになる。

当章は、『理趣経』の結論ともいうべき内容を有している。そして、初章の金剛薩埵の章に呼応している。すなわち、十七清浄句によって示された悟りの内容が、ふたたび形をかえて説かれているということである。『理趣釈』巻下（大正一九・六一六c）には、「謂ゆる菩薩摩訶薩は、大欲の最勝の成就の故に、大楽の最勝の成就を得るとは、此れは是れ欲金剛明妃菩薩の三摩地なり。菩薩摩訶薩は、大楽の最勝の成就の故に、即ち一切如来の大菩提の最勝の成就を得るとは、此れは是れ髻梨吉羅《キリキラ》明妃菩薩の三摩地なり。菩薩摩訶薩は、一切如来の大菩提の最勝の成就を得るが故に、即ち一切如来の大力の魔を摧く最勝の成就を得るとは、此れは是れ大楽金剛不空三昧耶金剛薩埵菩薩の三摩地なり。菩薩摩訶薩は、一切如来の大力の魔を摧く最勝の成就を得るが故に、即ち遍三界の自在の主たる成就を得るとは、此れは是れ愛金剛明妃菩薩の三摩地なり。菩薩摩訶薩は、遍三界の自在の主たる成就を得るが故に、即ち無余界の一切の有情を浄除せんがために、沈淪に住著し、大精進を以て、常に生死に処して一切を救摂し、利益し安楽ならしめる最勝の究竟を皆悉く成就することを得るとは、此れは是れ金剛慢明妃の三摩地なり。此の五種三摩地は、秘密中の最秘密なり」とあるごとく、五つの命題を五人の菩薩、すなわち五秘密尊に分けられ理解されているのである。「五種秘密の三摩地」を説くものとされるゆえんであろう。詳しくは、拙稿「金剛薩埵儀軌類の考察」(『理趣経の研究』所収)を参照のこと。

2　百字の偈

何以故

菩薩勝慧者　乃至盡生死

恒作衆生利　而不趣涅槃

般若及方便　智度悉加持

諸法及諸有　一切皆清淨

慾等調世間　令得淨除故

有頂及惡趣　調伏盡諸有

如蓮體本染　不爲垢所染

諸慾性亦然　不染利群生

大慾得清淨　大安樂富饒

三界得自在　能作堅固利

何を以ての故に、

①菩薩の勝慧ある者は

乃し生死を尽すに至るまで
恒に衆生の利を作し
而も涅槃に趣かず」
②般若と及び方便との
智度をもって悉く加持し
諸法と及び諸有とを
一切皆清浄ならしむ」
③慾等をもって世間を調し
浄除することを得しむるが故に
有頂より悪趣に及ぶまで
調伏し諸有を尽す」
④蓮体の本染にして
垢の為に染せられざるが如く
諸慾の性も亦然なり
不染にして群生を利す」
⑤大慾に清浄を得て
大安楽にして富饒なり

三界に自在を得て
能く堅固の利を作す」

《菩薩勝慧者》勝れた智慧をそなえた菩薩、真言行を実践する菩薩ということ。《衆生の利》衆生の救済。《不趣涅槃》菩薩の誓願。無余涅槃ともいうべき肉体などの一切の制約を離れた完全なるさとりに趣くことなく、三界にとどまって人びとを救済すること。《智度》智波羅蜜のこと。《本染》もともと有している色のこと。

〔訳〕それはどうしてであろうか。
智慧の深い菩薩たちは　迷える人びとを完全に救済しつくすまで　常に人びとの救済にはげんで　決してさとりの世界に入ってしまうことはなく、
智慧と方便との　たくみな展開によって　すべての存在とすべての人びとを　ことごとく清浄になし、
欲望などをもって人びとをととのえ　有する煩悩を浄めのぞき　天界から地獄の底にいたる人びとを救済してあますことがない。
蓮華は本来　清浄なる色を有していて　垢の色にけっして染めあげられることはなく

菩薩が有する欲望の本質もまったく同じで　清浄なるものであり人びとを救済することができるのである。
大いなる欲望の清浄にして　大いなる安楽なるもの　大いなる豊かさなるものである。
よってあらゆる世界に自由自在なる力を発揮して　よく金剛のごとく堅固なる救済活動をなすのである。

この偈は、『理趣経』のもっとも明快な思想を述べた部分である。大乗菩薩道の精神を述べてあますところがないといえよう。直接には、前文の内容を受けた偈であろうが、この内容は『理趣経』全体にかかわっているということができる。『理趣釈』巻下（大正一九・六一六c以下）では、この偈を①は、金剛薩埵菩薩の三摩地で行願、②は、欲金剛明妃菩薩の三摩地で般若波羅蜜多、③は、金剛髻梨吉羅明妃菩薩の三摩地で大静慮、④は、愛金剛明妃の三摩地で大悲、⑤は、金剛慢明妃の三摩地で大精進と解している。

また、この偈文を虚心坦懐に解してみると、①〜④の内容は、菩薩勝慧者そのものの内容であり、④偈の四句によって表されたものが前文の大欲・大楽・大菩提・摧大力魔・三界自在主にかかわっているように考えられる。実に「大欲得清浄（金剛）、大安楽富饒

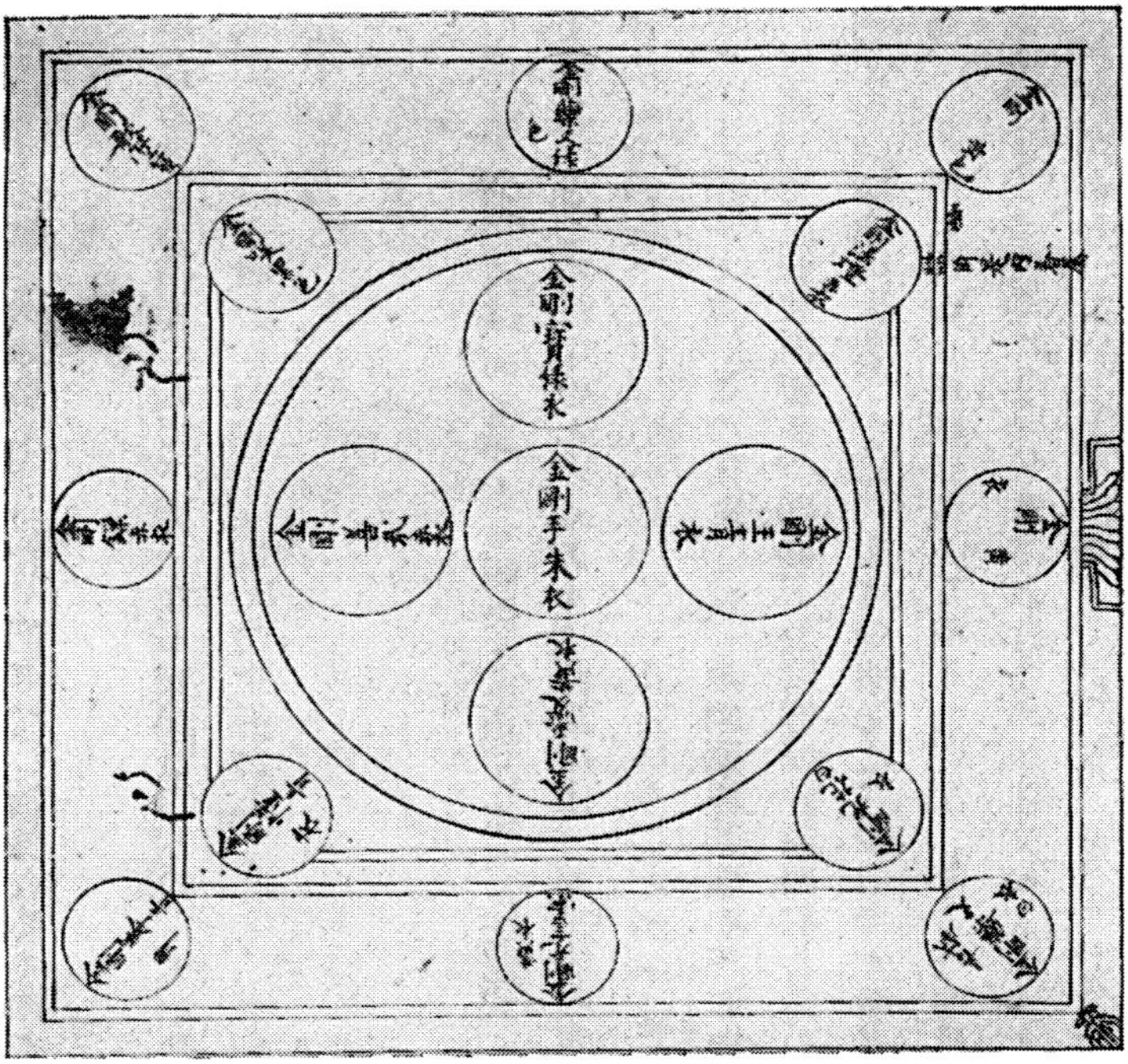

第36図　金剛手壇（大正新脩大蔵経図像12巻所収）

第37図　補陀洛院版の五秘密曼荼羅

（宝）、三界得自在（蓮）、能作堅固利（羯磨）」と、『理趣釈』巻下（大正一九・六一七a）にあるが、注意すべきであろう。

今、修行の曼荼羅の像を説かく、同一蓮華座、同一の円光にして、中央に金剛薩埵菩薩を画け。右辺に二種の明妃、各々本の形なるを画き、左辺にもまた二種を画け。具には金泥の曼荼羅の像の東南隅の如きがこれなり。修行者は阿闍梨の灌頂を得て、まさにこの五秘密を修すべし。獲るところの福利、文は広く具に説くべからず。

2 利益

金剛手。若有下聞二此本初般若理趣一。日日晨朝或誦或聽上。彼獲二得一切安樂悅意。大樂金剛不空三昧耶究竟悉地一。現世獲二得一切法自在悅樂一。以二十六大菩薩生一得二於如來執金剛位一。吽

金剛手よ、若し此の本初の般若理趣を聞きて、日日の晨朝に或は誦し、或は聴くこと有らば、彼は一切の安楽と悦意と、大楽金剛不空の三昧耶の究竟の悉地とを獲得し、現世に一切法の自在悦楽を獲得し、十六大菩薩生を以て如来執金剛の位を得べし。吽

〔訳〕菩提心の堅固なるものよ、もしもこの本初なる教えを聞き、毎日早朝に暗誦し、聴聞する人があったとする。その人は、あらゆる楽しみと喜びと、そして大楽であり金剛であり確実なものであるといわれる完全なる究極の境地を得て、この生のうちにすべての存在において自由自在なるさとりの楽しみを得ることができ、十六大菩薩の境地を現証して如来の最高の境地の座にのぼることができるのである。フゥーム

第一、金剛薩埵章とまったく同じであるので、ここでは再説しない。

三 流通分

爾時一切如來。及持金剛菩薩摩訶薩等。皆來集會。欲レ令ニ此法不空無礙速成就一故。咸共稱ニ讚金剛手一言

善哉善哉大薩埵　善哉善哉大安樂
善哉善哉摩訶衍　善哉善哉大智慧
善能演ニ説此法敎一　金剛修多羅加持
持ニ此最勝敎王一者　一切諸魔不レ能レ壞
得ニ佛菩薩最勝位一　於ニ諸悉地一當レ不レ久
一切如來及菩薩　共作ニ如レ是勝説一已
爲レ令ニ持者速成就一　皆大歡喜信受行

大樂金剛不空眞實三麼耶經

爾の時に一切如来と及び持金剛の菩薩摩訶薩等は、皆来り集会して、此の法を不空無礙にして速やかに成就せしめんと欲うが故に、咸な共に金剛手を称讃して言わく、

善き哉　善き哉　大薩埵
善き哉　善き哉　大安楽
善き哉　善き哉　摩訶衍
善き哉　善き哉　大智慧」

善能く此の法教を演説したまい
金剛の修多羅を加持したまえり
此の最勝の教王を持せん者は
一切の諸魔も壊すること能わず」
仏菩薩の最勝の位を得て
諸の悉地に於て当に久しからざるべし」
一切の如来及び菩薩
共に是の如く勝説を作し已えて
持者をして速やかに（悉く）成就せしめんが為
皆な大いに歓喜し信受し行じき」
大楽金剛不空真実三麽耶経

《持金剛》 金剛杵をもっている菩薩。**《摩訶衍》** マハーヤーナ（大乗）の音写。**《修多羅》** スートラ（経典）の音写である。

〔訳〕 その時、すべての如来と、すべての菩薩が集まってきて、この教えを完全にのこりなく、そして速やかに成就しようとして、皆ともに菩提心の堅固なるものを称讃した。

大いなる修行者はすばらしく、そしてすばらしい。大いなる悟りの楽しみはすばらしく、そしてすばらしい。大いなる教えもすばらしく、そしてすばらしい。大いなる智慧もすばらしく、そしてすばらしい。

この教えはよく説かれた、金剛のごとき経典である理趣経を加持したまえ、このもっとも勝れた教えの王を持していれば、すべての悪魔に害されることは決してないのである。

仏や菩薩の最も勝れた境地を得て、あらゆるさとりを速やかに得ることができる。すべての如来や菩薩が、ともにこのようにこの教えが勝れているさまを称讃して、この理趣経を持している修行者に速やかに成就を完成させるために、皆、大いに喜び、信じ、実践されたのである。

大楽金剛不空真実三耶經
これは、讃歎分と流通分とで構成されている。

余録　理趣経の諸問題

一　『理趣経』の諸文献

まず、「理趣般若」という総称によって括られる諸々の文献を掲げてみよう。

梵文『理趣経』原典

Adhyardhaśatikā-prajñāpāramitā-sūtra

(1) Ernst Leumann, *Zur nordarischen Sprache und Literatur* (北方アーリヤの言語及び文学). Strassburg 1912, pp. 84—99.

この論文中に初めて『理趣経』の梵語原典が学界に提供された。このロイマンの梵本出版について、後にこの梵本に基づいて『梵蔵漢対照般若理趣経』を発表した、栂尾祥雲《とがのおしょううん》・泉芳環《ほうかん》は、その「緒言」において、この梵本出版の事情を説明し、

「梵本の写本は前半の大部分は露都ペトログラードに、後半の小部分は英国オックスフォードにありて、今日までに全世界中此の一本の他未だ曾て類本の発見せられたる

ものを聞かず。」

と述べている。すなわち、カシュガルにおけるペトロフスキー蒐集の梵文十五葉と、ヘルンレ蒐集の断片二葉とを接合して成ったもので、一部分に北方アーリア語（コータン語）を含むものであった。そして、これら二種の梵文が『理趣経』であると、有益な指摘をしたのは、渡辺海旭であった（「新たに発見せられたる西域古語聖典の研究」『渡辺海旭論文集』昭和十一年、四七四―四八五頁）。

(2) 栂尾祥雲・泉芳璟共編『梵蔵漢対照般若理趣経』（私立大学智山勧学院、大正六年）

これは、(1)のロイマン本を根拠とした梵語原典に、蔵訳一本・漢訳五本を加えて出版された。現在これが参照される唯一の原典であるといえる。「緒言」によれば、

「本書の校訂編纂につき、梵文は主として泉芳璟、西蔵文は主として栂尾祥雲これを担任し、支那訳は両名共にこれに与《あずか》れり。尚梵文につきて荻原雲来氏を労《わずら》はしたる所甚だ多し。」

と述べている。この梵文は、ロイマン教授の発表したものを典拠とし、それに編者の意見を加えたものであり、五年後に日本で出版されたものである。荻原雲来博士は、『実習梵語学』（大正五年）の一五六―一五七頁に〈文抄〉の一部として梵文の一部を掲げている。

それは〈百字の偈〉の部分にあたり、⑵本の一五―一六頁のものである。

⑶　長谷部隆諦《りゅうたい》著『梵漢対照般若理趣経和訳』（高野山大学、大正九年三月）

これは、⑵本の純梵文のところのみを出し、それに和訳を付したものである。そして、それを不空訳『理趣経』に対照させたものである。

この和訳に対して、荻原雲来博士は、

(i)「般若理趣経和訳批評」（『荻原雲来文集』所収、九九二―一〇〇八頁）

(ii)「長谷部氏の駁論に答ふ」（同、一〇〇八―一〇一七頁）

(iii)「理趣経和訳の問題」（同、一〇一七―一〇二〇頁）

なる論文を発表している。これは克明な訳語の検討であり、大変有益である。

これら一連の成果をもって後に和訳を改訂し、「梵本般若波羅蜜多理趣百五十偈和訳」として発表した（それは、『長谷部水哉遺稿集』第二梵語検討十六、三九九―四〇八頁に再録されている）。

⑷　栂尾祥雲著『理趣経の研究』（高野山大学、昭和五年）

⑵本の梵文の方言部分を除いた原文と蔵訳（ナルタン・デルゲ・北京各版を校訂したもの）とを再録し、各章段下には漢訳六種と、梵・蔵各文の和訳が比較対照されている。

(5) E. Leumann, "Die Nordarischen Abschnitte der Adhyardhaśatikā prajñāpāramitā : Text und Übersetzung mit Glossar," *Journal of the Taisho University*, Vol. VI-VII, Part 2, European Section, Tokyo, 1930, pp. 47—87（『大正大学学報』第六・七輯、荻原雲来博士還暦記念祝賀論文集　第二、欧文部）

これは、北方アーリア語部分のテキスト及びドイツ語訳と語彙である。栂尾博士は、この方言の部分の和訳を、この論文のドイツ語訳によっている。

渡辺照宏博士は、このロイマン氏の論文を根拠として、左の論文を発表した。

(i)「理趣経于闐文和訳」（『聖語研究』第三輯、昭和十年、八三―九三頁）

(ii)「理趣経于闐文並に語彙」（『智山学報』第七・八輯、昭和十年、一七四―二〇四頁）

(iii)「理趣経コータン語讃歎文の復元和訳」（『密教学』第十三・十四合併号、昭和五十二年、三四―四二頁）

以上、『理趣経』の梵本について述べてきたが、酒井真典・コンゼ両博士によって興味ある報告がなされている。

酒井博士は、「般若理趣経に於ける覚書」（『高野山時報』昭和三十四年十月十一日号、六頁）

において、

「このほど所要があって月称（Candrakīrti）の中観註（Madhyamakavṛtti）である明語註（Prasannapadā）を読んでいると理趣経の文が二回引用されていることをしった次第である。」

「引用は二回にわたっているが引用文は同一のものである。本来中観註に引用する文であるから無自性空を説く経証を引くことはあたりまえであるが余程この理趣経の文が有名であったものと思われる。第一回はPrajñāpāramitā（Adhy)ardhaśatikāとし、第二回目は(A)d(h)yārdhaśatikāと示されている。その引用の句は何かと云えば理趣経の第七段字輪品のもので次の如く示されている。śūnyāḥ sarvadharmāḥ niḥsvabhāva yogena この句は不空訳の「諸法空与二無自性一相応故」に当るものである。即ち阿字四種旋転の第一句である。……

註釈者たる月称の生存年代はほぼ西暦六〇〇年から六五〇年代と推定されるので、この頃既に理趣経を百五十偈として呼称していたものと思われ、また理趣経のインド的原典としての存在がはっきりし、更には成立下限を定め得ることになって大変喜ばしいことと思われるのである。」

と考察を加えている。

さらに、コンゼ（E. Conze）博士は、*The Prajñāpāramitā Literature*（1960）において、

「この経典は、他の般若経のスタイルと異なるということで、チャンドラキールティ、ハリバドラが、権威ある般若経として、Prasannapadā. p. 238, 278, 444, 500, 504 には、この経の七章を。Abhisamayālaṃkārāloka p. 132 には、この経の十五章を各々引用しているにもかかわらず、タントラ文献の中に於て数え上げられなければならない。」(p. 80, c. Tantric texts 17, The perfection of wisdom in 150 lines)

と述べ、月称の引用例を三例ふやし、ハリバドラの引用例をも加えている。

蔵訳『理趣経』原典

(1) *Hphags-pa shes-rab-kyi-pha-rol-tu-phyin-pahi tshul brgya-lṅa-bcu-pa*（聖般若波羅蜜多理趣百五十偈）（『影印北京版』No. 121・五巻）

訳者は不明である。この本文は、前掲の栂尾祥雲・泉芳環共編『梵蔵漢対照般若理趣経』中にローマナイズされ、あるいは栂尾祥雲著『理趣経の研究』は巻末に、ナルタン・デルゲ・北京三版校合の本文が、チベット文字によって掲載され、本文中には和訳文が収

められている。

(2) *Dpal-mchog-daṅ-po shes-bya-ba theg-pa-chen-poḥi tog-paḥi rgyal-po*（吉祥最勝本初と称する大乗の儀軌王）（『影印北京版』No. 119, 120・五巻）

(1)本が〈略本〉といわれる場合、当本は〈広本〉の『理趣経』である。訳者はŚraddhākaravarman, Rin-chen bzaṅ-po であり、これは後掲の漢訳（法賢）でいう広経の第一—第十三分までに相当する。第十四分—第二十五分までは、経名も訳者も異なり、次のごとくである。*Dpal-mchog-daṅ-poḥi sṅags kyi rtog-paḥi dum-bu shes-bya-ba*（吉祥最勝本初の真言儀軌品）、訳者は Mantrakālaśa, Lha-btsan-po, Shi-baḥi-ḥob の三名である。『漢訳広経』は全体を一経として構成されているのに対し、チベット訳広経は全体を二分して各々経名も訳者も異なっている。このことは、『理趣経』成立にかかわる重要な点である。これも栂尾祥雲著『理趣経の研究』中に部分訳を見ることができる。

(3) *Dpal rdo-rje sñiṅ-po rgyan shes-bya-baḥi rgyud kyi rgyal-po chen-po*（吉祥金剛場荘厳と称する大儀軌王）（『影印北京版』No. 123・五巻）

訳者は、Dpal-ldan chos-rje, Dpal-ldan Blo-gros-brtan-pa によっている。(2)本が「理趣般若」を「吉祥最勝本初（Śrī-paramādi）」として展開したのであるが、ここでは、同じように「理趣般若」を「吉祥金剛場荘厳」(Śrī-vajramaṇḍalālaṃkāra)」として展開している。

骨子を『理趣経』によりながら、二つの展開の方向があったことは興味のあるところである。当経軌は、一部が漢訳されている。すなわち、『仏説金剛場荘厳般若波羅蜜多教中一分』(宋・施護〈九八〇〜〉訳、大正蔵一八・五一一b—五一四b)。この漢訳の部分は、「理趣般若」以外のところであった。これも同じように栂尾祥雲著『理趣経の研究』中に部分訳がある。

漢訳『理趣経』原典

(1)『大般若波羅蜜多経中第五七八巻　般若理趣分』一巻、唐・玄奘《げんじょう》(六六〇—六六三にかけて)訳(大正蔵七・九八六a—九九一b)

(2)『実相般若波羅蜜多経』一巻、唐・菩提流志《ぼだいるし》(六九三)訳(大正蔵八・七七六a—七七八b)

(3)『金剛頂瑜伽理趣般若経』一巻、唐・金剛智(七二〇—七四一)訳(大正蔵八・七七八b—七八一c)

これは、前二経のどちらかに訳文を似せていることから、金剛智訳ということが疑問視されている。

(4)『大楽金剛不空真実三麼耶経　般若波羅蜜多理趣品』一巻、唐・不空（七六五―七七一）訳（大正蔵八・七八四a―七八六b）

(5)『遍照般若波羅蜜経』一巻、宋・施護（九八〇―）訳（大正蔵八・七八一c―七八四a）

(6)『最上根本大楽金剛不空三昧大教王経』七巻、宋・法賢《ほっけん》（九八五―一〇〇一）訳（大正蔵八・七八六b―八二四a）

当経を「広本理趣経」「七巻理趣経」と別称し、蔵訳(2)と同本である。特に漢訳『理趣経』の翻訳については、梶芳光運「理趣経の翻訳について」（『智山学報』新第九巻、七七―九四頁）、同著『原始般若経の研究』（昭和十九年、一六七―一八一頁）参照。

以上のごとき梵・蔵・漢にわたる原典を基にして和訳・英訳がなされている。

(1) 栂尾祥雲訳述「理趣経」（『和文経典』真言密教和訳経典研究会、昭和三十五年）

(2) 金岡秀友訳「理趣経」（『世界古典文学全集・仏典』中村元編、筑摩書房、昭和四十年）

(3) 八田幸雄著『理趣経の現代意訳と密教教理』（高野山出版社、昭和四十年）

(4)　岩本裕訳「理趣経（理智の完成へのみち）」（『仏教聖典選第七巻・密教経典』読売新聞社、昭和五十年）

(5)　E. Conze, "The adhyardhaśatika-prajñāpāramitā"（『密教学密教史論文集』高野山大学編、昭和四十年）

これは、栂尾本の梵本及びチベット訳からの『理趣経』の英訳である。

さらに『理趣経』の索引の成果も存在している。

YUKIO HATTA, *Index to the Ārya-prajñāpāramitā-naya-śatapañcaśatikā*（『梵蔵漢対照理趣経索引』八田幸雄編、平楽寺書店、昭和四十六年）

この索引は、栂尾祥雲著『理趣経の研究』巻末に付された梵文・蔵文、漢訳は『大正蔵経』所収本を典拠として作成せられたもので、全体は梵・蔵・漢の三項目に分けられ構成されている。この索引について筆者に、「書評　八田幸雄編梵蔵漢対照理趣経索引」（『密教学研究』第四号、一七八—一八一頁）がある。

『理趣経』の注釈書

インド撰述・漢訳資料

(1)　『大楽金剛不空真実三昧耶経　般若波羅蜜多理趣経釈（略称『理趣釈』）』唐・不空（七六五—七七二）訳（大正蔵一九・六〇七a—六一七b）

(2)　『般若波羅蜜多理趣経　大楽不空三昧真実金剛薩埵等一十七聖大曼荼羅義述（略称『十七尊義述』）』唐・不空（七六五—七七二）訳（大正蔵一九・六一七b—六一八b）

これは、前書が『理趣経』全般にわたる解釈書であるのに対し、初段に展開する「十七清浄句」を中心に、それを曼荼羅化したものである。

インド撰述・蔵訳資料

(1)　*Ḥphags-pa śes-rab-kyi-pha-rol-tu-phyin-paḥi tshul brgya-lṅa-bcu-paḥi ḥgrel-pa* (*Ārya-prajñāpāramitā-naya śatapañcaśatikā ṭīkā*, 聖般若波羅蜜多理趣百五十偈註釈) Jñānamitra 著　訳者不明（『影印北京版』No. 3471・七七巻）

本書は、高野山大学教授酒井真典先生によって『チベット訳智友作般若理趣経略釈—

デルゲ版――』（第十四回日本チベット学会記念　高野山大学、昭和四十一年）として、手書きコピー版として出版されている。

この部分訳は、栂尾博士が『理趣経の研究』に行っているが、全訳したものが拙稿「チュニャーナミトラ著『聖般若波羅蜜多理趣百五十註釈』和訳㈠、㈡、㈢、㈣」（『東洋学研究』第四、五、六、七号）である。

この註釈書には、本文解釈に入る前に『理趣経』の成立に関する歴史的記述が存在する。この文の理解をめぐって活発な論議が展開している。まず、これらの問題の口火をなしたのが、長沢実導博士の「理趣経偈のインド密教教義」（『智山学報』第十二・十三輯、昭和三十九年）という論文であった。当論文において、栂尾博士の『理趣経の研究』中にある成立に関する見解に対して、チュニャーナミトラ註中にある歴史的記述を再読し、新見解を発表したのである。その概要は、特に『理趣経』の「理趣経偈」を取り上げ、当註釈書の和訳を付して大乗思想と密教思想の接点を論じたものであった。しかし、『理趣経』の成立に関する問題点についての見解は、『理趣経』の根本経典として『吉祥最勝』（Śrī-parama）の存在を予想したにとどまった。後に、松長有慶博士は「理趣経の成立について」（『密教文化』第一〇四号、昭和四十八年）なる論文において、長沢説をもう一歩進めることになる。

(2) *Dpal mchog daṅ-poḥi ḥgrel-pa* (*Śrī-paramādi-vṛtti*, 吉祥最勝本初略釈) Ānandagarbha (Kun-dgaḥ sñiṅ-po) 著 Padmākaravarman, Rin-chen bzaṅ-po 訳 (『影印北京版』No. 3334・七二巻)

これは、『理趣広経』すなわち〈蔵訳『理趣経』原典(2)〉の前半「般若分」の註釈書である。

(3) *Dpal mchog daṅ-poḥi rgya-cher bśad-pa* (*Śrī-paramādi-ṭīkā*, 吉祥最勝本初広釈) Ānandagarbha (Kun-dgaḥ sñiṅ-po) 著 Śraddhākaravarman, Rin-chen bzaṅ-po 訳 Mantrakālaśa, Shi-ba ḥod 再訳 (『影印北京版』No. 3335・七二巻、七三巻)

これは、『理趣広経』すなわち〈蔵訳『理趣経』原典(2)〉の全体にわたる細註である。

(4) *Dpal rdo-rje sñiṅ-poḥi rgyan gyi rgyud chen-poḥi dkaḥ-ḥgrel* (*Śrī vajramaṇḍalālaṃkāra-mahātantra-pañjikā*, 吉祥金剛場荘厳の大タントラ註) Rab-tu shi-baḥi bśes-gñen 著 Rin-chen grub 訳 (『影印北京版』No. 3338・七三巻)

これは、〈蔵訳『理趣経』原典(3)〉を本軌とする註釈書である。

(5) *Dpal mchog daṅ-poḥi dkyil-ḥkhor-gyi cho-ga shes-bya-ba* (*Śrī-paramādi-*

mandala-vidhi-nāma, 吉祥最勝本初曼荼羅義軌）著者・訳者ともに不明（『影印北京版』No. 3343・七四巻）

これは、『理趣広経』を本軌とする曼荼羅修法儀軌である。後にチベットの学僧プトンによって『理趣経』の修法次第構成の手本とされることになる。

中国撰述・資料

(1)『聖般若波羅蜜多経般若理趣分述讃』三巻、唐・基（六三二―六八二）撰（大正蔵三三・二五a―六三a）

「理趣般若」の原初形体を有する『理趣分』は玄奘三蔵によって訳されたが、弟子の基がそれに註釈をほどこしたものが当書である。純粋に法相《ほっそう》学の立場からの註釈である。後の不空訳『理趣釈』との比較において特に興味あるものである。

チベット撰述・資料

ここに掲げるものは、チベット仏教の有名な学僧プトン（Bu-ston 一二九〇―一三六四）の著したものである。ほかに、最近特に出版活動がさかんなチベット仏教各派の学匠たちの著作集にも、多くの『理趣経』研究書を見ることができるが、当論文ではふれえなかった。これらは将来の研究テーマとなるであろう。

(1) *Dpal mchog-daṅ-po rigs-bsdus-pahi dkyil-hkhor gyi cho-ga "dom-yod-pahi dam-tshig gi dkyil-hkhor hbyuṅ-ba"* shes-bya-ba（吉祥最勝本初〔所説〕の摂部類の曼茶羅儀軌たる〝不空三昧曼荼羅出現〟という書）（『東北目録』No. 5124, *Śatapiṭaka* vol. 53, pp. 265—431）

吉祥最勝本初（Śrī-paramādya-tantra）の第1品でのべられた摂部類曼荼羅（Sarva-kula-saṃgraha-maṇḍala）の解説。

(2) *Dpal mchog-rigs-bsdus kyi bstad chen*（吉祥最勝〔本初〕の摂部類〔曼荼羅の諸神〕の礼讃）（『東北目録』No. 5125, *Śatapiṭaka* vol. 53, pp. 433—448）

これは、paramādya-tantra の摂部類曼荼羅の諸神にささげられた礼讃（stotra）である。

(3) *Dpal mchog-daṅ-po rigs-bsdus-pahi rdo-rje sgrub-pa*（吉祥最勝本初の摂部類〔曼荼羅〕における金剛成就法）（『東北目録』No. 5126, *Śatapiṭaka* vol. 53, pp. 449—462）

これは、paramādya-tantra の摂部類曼荼羅における金剛成就法（vajra-sādhana）である。

(4)　*Dpal-mchog gi thig-rtsa*（吉祥最勝〔本初〕の度量法）(『東北目録』No. 5127, *Śatapiṭaka* vol. 53, pp. 463—468)

これは paramādya-tantra に説かれた曼荼羅図画の方法である。

(5)　*Dpal-mchog lha-mo-gñis daṅ rtse-moḥi gsaṅ-ba yum-bshiḥi mchog-gar*（吉祥最勝〔本初〕の十二妃と金剛頂の四秘密妃との供養舞楽）(『東北目録』No. 5128, *Śatapiṭaka*. vol. 53, pp. 469—476)

これは，paramādya-tantra の十二妃（devī）と金剛頂（vajra-sekhara-tantra）の四秘密妃（guhyamātṛ）との供養舞楽（pūjānṛtya）の解説である。

(6)　*Dpal mchog rdo-rje-sems-dpaḥi dkyil-ḥkhor-gyi cho-ga／dam-tshig-chen-poḥi de-kho-na-ñid rdo-rje ḥbyuṅ-ba shes-bya ba*（吉祥最勝〔本初所説〕の金剛薩埵曼荼羅の儀軌〃大三昧耶の真如金剛出現〃という書）(『東北目録』No. 5129, *Śatapiṭaka* vol.53, pp. 477—597)

これは，paramādya-tantra において説かれた金剛薩埵曼荼羅（vajrasattva-maṇḍala）の解説である。

(7)　*Dpal mchog-daṅ-po rdo-rje-sems-dpaḥi sgo nas shi-baḥi sbyin-sreg gi las-*

sgrub-paḥi cho-ga/dge shiṅ shi-byed ces-bya ba（吉祥最勝本初の金剛薩埵による息災護摩の事業を成就する儀軌〝善にして息災ならしむ〟という書）（『東北目録』No. 5130. *Śatapiṭaka* vol. 53. pp. 599—608）

これは、paramādya-tantra の金剛薩埵により説かれた息災護摩（śāntika-homa）の解説である。

(8)　*Dpal rdo-rje-sems-dpaḥi myur-du-sgrub paḥi thabs bde-ba-chen-poḥi rnam rmad du byuṅ-ba shes-bya-ba*（吉祥金剛薩埵速成就法〝大楽の神変希有出現〟という書）（『東北目録』No. 5131, *Śatapiṭaka* vol. 53, pp. 610—642）

これは、金剛薩埵の速成就法の解説である。

(9)　*Dpal mchog rdo-rje-sems-dpaḥi sgo nas tha-maḥi-dus la bab-pa rnams rjes-su ḥdsin-paḥi cho-ga*（吉祥最勝〔本初〕の金剛薩埵により、末期に至れるものらを救済する儀軌）（『東北目録』No. 5132, *Śatapiṭaka* vol. 53, pp. 643—662）

これは、paramādya-tantra の金剛薩埵により説かれた、死時に悪趣（durgati）から救うところの解説である。

(10)　*Dpal-mchog gi dkyil-ḥkhor gyi lhaḥi bkra-śis kyi tshigs-su bcad pa/chas daṅ bkra-śis hphel byed ces-bya-ba*（吉祥最勝〔本初〕の曼荼羅の〔諸〕尊の吉祥偈〃法と吉祥とを増上する〃という書）（『東北目録』No. 5133, *Śatapiṭaka* vol. 53, pp. 663―666）

これは、paramādya-maṇḍala の諸尊に対する吉祥偈（maṅgala-gāthā）である。

日本撰述・資料

(1)『理趣経開題』（三種）空海（七七四―八三五）著（『弘大全』第一輯、七二二―七三一頁）

(2)『真実経文句』空海著（『弘大全』第一輯、七三二―七四五頁）

(3)『実相般若経答釈』空海著（『弘大全』第一輯、七四七―七五〇頁）

以上、引法大師空海の著作にとどめておく。他は、『大正蔵』『日本大蔵経』『真言宗全書』『豊山全書』『智山全書』などに二十五種の資料が存在している。また、最近までの関連著作および論文名は、「理趣経の文献」（『智山教化研究』第一号、昭和四十四年）としてまとめてある。

そ の 他

現在入手可能な『理趣経』についての研究書、あるいは解説書をあげてみよう。

(1) 小野清秀著『理趣経講義』（大正六年）
(2) 栂尾祥雲著『理趣経の研究』（昭和五年）
(3) 神林隆浄著『理趣経講義』（昭和八年）
(4) 加藤精神述『般若理趣経研精録』（昭和十三年）
(5) 那須政隆著『理趣経達意』（昭和三十九年）
(6) 金岡秀友著『さとりの秘密　理趣経』（昭和四十年）
(7) 八田幸雄著『理趣経の現代意訳と密教教理』（昭和四十年）
(8) 三井英光著『理趣経の講話』（昭和四十三年）
(9) 加藤宥雄著『理趣経入門――秘密世界の発見』（昭和五十年）
(10) 八田幸雄著『理趣経　秘密経典』（昭和五十一年）
(11) 福田亮成著『理趣経入門』（昭和五十六年）
(12) 堀内寛仁述『理趣経の話』（昭和五十六年）
(13) 松長有慶著『秘密の庫を開く理趣経』（昭和六十一年）
(14) 福田亮成著『理趣経の研究――その成立と展開――』（昭和六十二年）

以上は再版されたり、あるいは新本であるのですべて入手可能である。

そのほかに、『真言宗選書』事相篇、『理趣経』Ⅰ・Ⅱ(選集の通巻第十一・第十二巻)同朋社出版(昭和六十一年)に、

第十一巻

㈠ 権田雷斧《ごんだらいふ》著『理趣経略詮』

㈡ 土宜法龍著『般若理趣経講話』

㈢ 栂尾祥雲著『理趣経講義』

㈣ 林田光禅著『理趣経講義』

第十二巻

㈤ 加藤精神《せいしん》著『般若理趣経講説』

㈥ 服部如実著『理趣経入門』

㈦ 田中海応著『理趣経易解』

㈧ 広安恭寿著『般若理趣法和解』

の八種の本を集録してあるのでご覧願いたい。このうち、最近、㈠と㈥とは再版されたようである。

二 「理趣般若」の密教化

「理趣般若」が十一種類の類本を生みだし、それらがインドはむろんのこと、シルクロード沿道の国々やチベット、そして中国・日本と展開し、その出発からおよそ三世紀にわたって次々と類本を生みだし、後の仏教、特に密教において重要視されてきたことは、この「理趣般若」の特色を充分にあらわしていると考えられよう。

「理趣般若」の類本のなかで、もっとも原初的な形体を有しているものは、唐・玄奘（六〇〇—六六三にかけて訳された）訳の『大般若波羅蜜多経中第五七八巻　般若理趣分』一巻である。次に、菩提流志訳（六九三）の『実相般若波羅蜜経』一巻がある。これは、密教色を加味されたものとなっている。次の金剛智（七二〇—七四一）訳とされる『金剛頂瑜伽理趣般若経』一巻は、その訳語の大部分を、前の二経によっており、金剛智訳が疑問視されている。次は、不空（七六五—七七一）訳の『大楽金剛不空真実三摩耶経　般若波羅蜜多理趣品』一巻が位置する。これは、前掲の菩提流志訳本をさらにいっそう密教的要素が強まったものとなっている。いうところの密教化とは、具体的には、教主大日如来の登場と、各段の末尾に真言がおかれるということである。

チベット語訳の『聖般若波羅蜜多理趣百五十偈』は、訳者が不明である。しかし、同経の註釈書である『聖般若波羅蜜多理趣百五十偈註釈(ṭīkā)』が存在し、註釈者である智友(jñānamitra)は、不空三蔵と同年代に活躍した人物であることが明らかとなっている。

酒井真典・E. Conze 両博士の見解によれば、当『百五十偈』が般若経として、チャンドラキールティ(六〇〇―六五〇)は、"prasannapadā"に、ハリバドラ(八〇〇)は、"Abhisamayālaṃkārāloka"に、おのおの引用されていることが報告されている。

さて、ここで、『百五十偈』は、その密教化の色彩を強めて広本化する。漢訳では、法賢訳(九八五―一〇〇一)の『最上根本大楽金剛不空三昧大教王経』七巻であり、チベット訳本の『吉祥最勝本初と称する大乗の儀軌王』はシュラッダーカラヴァルマン・リンチェンサンポ訳である(これは全体が二分され、後半は『吉祥最勝本初の真言儀軌品』と名づけられ、マントラカーラシャ・ラァシャンポ・シィワィオェ訳である)。法賢訳と第一から第二十五までがおのおの相当している。

いわゆる広本化ということは、『百五十偈』の部分におのおの増加をみたというよりは、まったく別の経典が後半を占めるにいたったということができよう。前述せるごとくチベット訳本は、前半と後半とで経名も、そして訳者も相違していることからも明らかであろう。問題の後半に添加された経典についてであるが、チベット訳本が指示する経典名は、“Śrī-paramādi-tantra”という。漢訳文献の調査によれば、「勝初瑜伽経」の存在が明らかとなった。すなわち、『大楽金剛薩埵修行成就儀軌――出吉祥勝初教王瑜伽経――』『金剛頂勝初瑜伽中略出大楽金剛薩埵念誦儀』『金剛頂勝初瑜伽普賢菩薩念誦法』、ともに不空訳である。この三つの経典は、おのおの経名の中に〝勝初瑜伽〟という文句を含んでいるのである。これらの三儀軌と、「理趣広経」の後半部分と共通するところ多く、一群のものであったことが推測されるのである。ともかく、〝勝初瑜伽〟という名称の儀軌が「理趣般若」とドッキングして広本化されたということである（このことの詳細は、拙著『理趣経の研究』所収の、「『勝初瑜伽経』とŚrī-paramādi-tantra」「金剛薩埵儀軌類の考察」によられたい）。

もう一方向の広本化がある。宋・施護（九八〇―）訳の『仏説金剛場荘厳般若波羅蜜多教中一分』なる文献がある。経名にもあるごとく部分訳であることが明らかである。幸いにチベット訳にその全体をみることができる。それは、『吉祥金剛場荘厳と称する大儀軌王』パルダンチォエヂェ等訳である。これらの比較によれば、全訳本の後半が施護訳であることが明らかとなった。ようするに、これらも広本化されたものの一種であることがわかる。

さて、「理趣般若」の広本化の過程を概観したが、ここに一つの問題がある。それは、前掲の智友の『聖般若波羅蜜多理趣百五十偈註釈』に述べられている歴史的記述に注目しなければならない。その一文に

Śri-parama の中より百五十偈理趣を著し……時に、王女は（弟の）王子のために、聖教と教相を修治して増広した。現在それらは存在する。

とある。すなわち〝Śri-parama の中より百五十偈理趣を著して、……現在それらは存在する〟とあることに注意すべきである。さらに、不空訳『大楽金剛不空真実三麼耶経』は、副題に「般若波羅蜜多理趣品」とある。これは、チベット訳本の『吉祥最勝本初と称する大乗の儀軌王』は、後半を別なタイトルとなっているということを前にコメントしたが、これは北京版に限ったことであるが、前半を般若分、後半を真言分といっているところより、不空訳の副題は、前半の別称をそのままに反映したのではなかろうかと推定できるのである。

しかし、現在の法賢訳の広本やチベット訳本の広本から直接に略出したことは考えにくい。時代的にも不空や智友の活躍年代から、宋時代の法賢までの間に開きがあり、不空や智友の時代の広本と宋時代のそれとが同一であろうということよりは、不空や智友が知っていたであろう広本は、宋時代のそれとは別な広本であるとした方が妥当性があるであろう。それを図式で示すと、

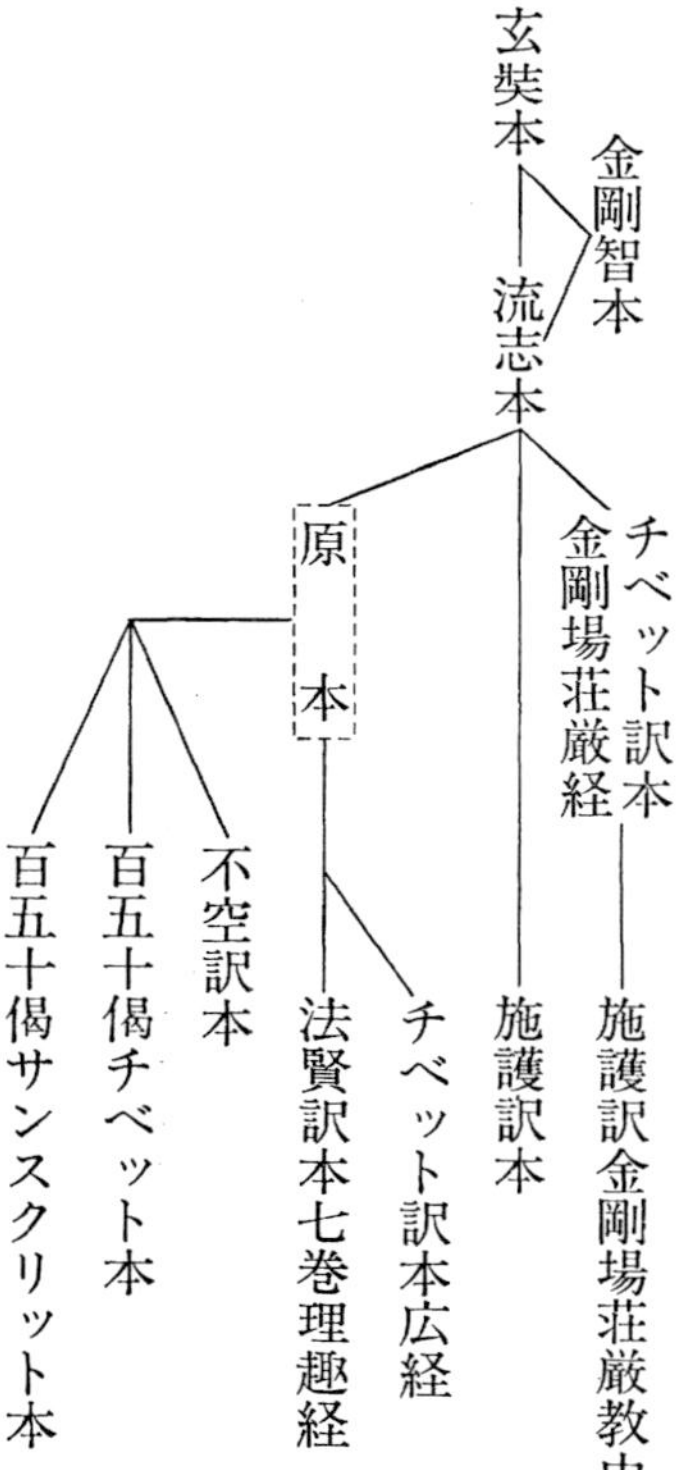

となるであろう。

ようするに、「理趣般若」の密教化とは、その成立過程のなかに確実に具現されてい

る。

(1) 教主大日如来の登場

(2) 各段に真言が附加されてきた

(3) 広本化ということ

(4) 『理趣経』の曼荼羅化と、それに基づく本文の整理

という点があげられよう。

三　空海の『理趣経』理解への注意

空海は、『理趣経』を典型的な密教経典と解していた。すなわち、『弁顕密二教論』巻上の序説のなかで

夫れ仏に三身有り、教は則ち二種なり。応・化の開説を名づけて顕教と曰《い》う。言《こと》顕略《ば》にして機に逗《かな》えり。法仏の談話、これを密蔵と謂う、言秘奥《ことば》にして実説なり。（『弘大全』第一輯、四七四頁）

とあり、さらに、

自性受用仏は自受法楽の故に自眷属と与《とも》に各々三密門を説きたもう、これを密教と謂う。此の三密門とは、謂《いわ》ゆる如来内証智の境界なり。（『弘大全』第一輯、四七四頁）

とある。まさしく、『理趣経』は、法身仏が内証智の境界を直説した密教の経典であると解するのである。この『理趣経』について、空海には、同時代に活躍した天台宗の伝教大師最澄に与えた書簡がのこされており、『理趣経』理解のための種々なる注意が述べられ

ている。ここに、その全文を掲げ、その注意に耳を傾けてみよう。

〔原　文〕

叡山《えいざん》の澄法師《ちょうほつし》、『理趣釈経《りしゅしゃくきょう》』を求むるに答する書

書信至って深く下情《かせい》を慰《い》す。雪寒し。伏して惟《おもん》みれば、止観の座主法友常に勝れたりと。貧道易量《ひんどういりよう》なり。貧道と闍梨《じゃり》と契れること積んで年歳有り。常に思わく、膠漆《こうしつ》の芳《かおり》、松《しょう》柏《はく》と与に凋《しぼ》まず。乳水の馥《かおり》、芝蘭《しらん》と将に、弥香《いよいよかんば》しからん。止観の羽翼を舒《の》べて、高く二空の上に翥《ほう》り、定慧の驥騮《きりよう》を聘《は》せて、遠く三有の外に跨《あとこ》えん。多宝の座を分ち、釈尊の法を弘めんと。此の心、此の契、誰か忘れ誰か忍ばん。然りと雖も顕教一乗は公に非ざれば伝えず、秘密仏蔵は唯だ我が誓う所なり。彼此法を守って談話に遑《いとま》あらず。不謂《ふい》の志、何れの日にか忘れん、忽《たちま》ちに封緘《ほうかん》を開いて、具《つぶさ》に『理趣釈』を覓《もと》むることを覚りぬ。然りと雖も疑うらくは理趣端《はし》多し。求むる所の理趣は何れの名相をか指す。

夫れ理趣の道、釈経の文、天も覆うこと能わざる所、地も載すること能わざる所なり。塵刹《じんせつ》の墨、河海の水も、誰か敢《あ》えて其の一句一偈の義を尽くすことを得んや。如来心地の力、大士如空の心に非ざる自《よ》りは、豈《あに》能く信解し受持せんや。余不敏なりと雖も略《ほぼ》大師の

訓旨を示さん。冀《こいねがわ》くは子《なんじ》、汝が智心を正しくし、汝が戯論《けろん》を浄めて理趣の句義、密教の逗留《とうる》を聴け。

夫《そ》れ理趣の妙句は、無量無辺にして不可思議なり。広を摂して略に従え、末を棄てて本に帰するに、且《しばら》く三種有り。一つには可聞《かもん》の理趣、二つには可見《かけん》の理趣、三つには可念《かねん》の理趣なり。若し可聞の理趣を求めば、聞く可きは則ち汝が声密、是なり。汝が口中の言説、即ち是なり。更に他の口中に求むることを須《もち》いず。若し可見の理趣を覓《もと》めば、見つ可き者は色なり。汝が四大等、即ち是なり。更に他身の辺に覓むることを須いず。若し可念の理趣を索《もと》めば、汝が一念の心中に本《もと》より来《このかた》具《つぶさ》に有り。更に他心の中に索むることを須いず。

復次に三種有り。心の理趣、仏の理趣、衆生の理趣なり。若し心の理趣を覓めば、汝が心中に有り、別人の身中に覓むることを用いず。若し仏の理趣を求めば、汝が心中に能覚者あり、即ち是なり。又諸仏の辺に求む可し。凡愚の所に覓むることを須いず。若し衆生の理趣を覓めば、汝が心中に無量の衆生有り、其れに随って覓む可し。

又三種有り、文字・観照・実相なり。若し文字を覓めば、則ち声の上の屈曲なり。即ち是れ不対不碍《ふたいふげ》なり。紙墨和合して生ずる文字の若《ごと》き、彼の処にも亦有り。又須《すべから》く筆紙と博士との辺に覓むべし。若し観照を求めば、則ち能観の心と所観の境と、色も無く形も無し、誰か取り誰か与えん。若し実相を求めば、則ち実相の理は名相無し。名相無ければ虚空と冥会《みやうえ》せり。彼の処には空のみ有り、更に外に用いず。

又謂ゆる『理趣釈経』とは、汝が三密、則ち是れ理趣なり。我が三密、即ち是れ『釈経』なり。汝が身等は不可得なり。我が身等も亦不可得なり。彼此倶に不可得なり。誰か求め、誰か与えん。

又二種有り。汝が理趣と我が理趣と、即ち是れなり。若し汝が理趣を求めば則ち汝が辺に即ち有り。我が辺に求むることを須いず。若し我が理趣を求めば則ち二種の我有り。一つには五蘊の仮我、二つには無我の大我なり。若し五蘊の仮我の理趣を求めば、則ち仮我は実体無し。実体無くんば何に由ってか得ることを覓めん。若し無我の大我を求めば、則ち遮那の三密即ち是なり。遮那の三密は何《いず》れの処にか遍ぜざらん。汝が三密即ち是なり。外に求む合《べ》からず。

又余《われ》未だ知らず。公は是れ聖化《しょうけ》なりや。為当《はた》凡夫なりや。若し仏化ならば則ち仏智は周円なり。何の闕《か》けたる所有ってか更に求覓《ぐみゃく》を事とする。若し権の故に求覓せば、則ち悉達《しつだ》の外道に事《つか》え、文殊の釈迦に事えんが如くならん。若し実の凡にして求めば、則ち仏の教に随う応《べ》し。若し仏の教に随わば、則ち必ず須く三昧耶を慎むべし。三昧耶を越すれば、則ち伝者受者倶に益《やく》無けん。

夫れ秘蔵の興廃は唯《ただ》汝と我となり。汝若し非法にして受け、我若し非法にして伝えば、則ち将来求法の人、何に由ってか求道の意を知ることを得ん。非法の伝受、是を盗法と名づく。即ち是れ仏を誑《あざむ》くなり。又秘蔵の奥旨は文を得ることを貴しとせず。唯心を以て心に伝うるに在り。文は是れ糟粕《そうはく》、文は是れ瓦礫なり。糟粕瓦礫を受くれば則ち粋実《すいじつ》至実《しじつ》を失う。真を棄てて偽を拾うは愚人の法なり。愚人の法には汝随う可からず、亦求む可からず。

又古《いにしえ》の人は道の為に道を求む。今の人は名利の為に求む。名の為に求むるは求道の志にあらず。求道の志は己《おのれ》を忘るる道法なり。猶《なお》し輪王の仙に仕《つか》えしが如し。途《みち》に聞き途《みち》に説くをば夫子聴《ゆる》さず。時機応ぜざれば我が師黙然す。所以は何《いかん》となれば、法は是れ難思なり。信心能く入る。口に信修を唱うれども、心則ち嫌退すれば、頭《はじめ》有って尾《おわり》無し。言って行ぜざれば、信修するが如くなれども信修と為《す》るに足らず。始を令《よ》くし終を淑《よ》くするは君子の人なり。世人は宝女を厭うて婢賤を愛し、摩尼を咲《わら》って以て燕石《えんせき》を緘《つつ》む。偽龍を好んで真像を失い、乳粥《にゅうじゅく》を悪《にく》んで鍮石《ちゅうじゃく》を宝とす。瓔《えい》ある者は是れ左の手を鑚《き》るという、則ち是れなり。涇渭《けいい》別たずんば醍醐《だいご》誰か知らん。面《おもて》の妍媸《けんし》を知らんと欲《おも》わば鏡を磨かんには如《し》かじ。金薬の有無を論ず可からず。心海の岸に達せんと欲わば船を棹《さお》ささんには如かじ。船筏《せんばち》の虚実を談ず合《べ》からず。毒箭を抜かずして空しく来処を問い、道を聞いて動かずんば千里何《いかん》が見ん。双丸《そうがん》は以て鬼を却《さ》くるに足れり。一七《ひとかい》以て仙を得つ可し。若使《たとい》千年、『本草』『大素』を読誦すとも、四大の病、何ぞ曾《かつ》て除くことを得ん。百歳、八万の法蔵を談論すとも、三毒の賊寧《いずく》んぞ調伏《ちょうぶく》せんや。海を酌《く》むの信、鎚《つち》を磨するの士に非ざる自《よ》りは、誰か能く一覚の妙行を信じて、三磨の難思を修せん。止《や》みね、止《や》みね、舎《とど》まりね、舎まりね。吾れ未だ其の人を見ず。其の人豈《あに》遠からんや。信修すれば則ち其の人なり。若し信修すること有らば、男女を論ぜず、皆是れ其の人なり。貴賤を簡《えら》ばず、悉《ことごと》く是れ其の器なり。其の器来り控《たた》くときは鐘谷則ち響く。妙薬篋《はこ》に盈《み》てども嘗《な》めざれば益無し。珍衣櫃《ひつ》に満つれども、著《き》ざれば則ち寒し。阿難多聞なつしかども、是《ぜ》と為《す》るに足らず。釈迦精勤《しょうごん》なつしかば、伐柯《ばつか》遠からず。代挙《よこぞ》って皆然《しか》なり。悲しい哉、濁世化仏は所以《このゆえ》に棄てて入り、五千は所以《このゆえ》に退く者なり。毒鼓《どっく》の慈《いつくしみ》、広くして無辺なりと雖も、干将《かんしょう》の誡《いましめ》、高くして淬《かと》うすること有り。師師の誥訓《こうきん》慎まずんばある可からず、子《なんじ》、若し三昧耶を越《おっ》せずして、護《まも》ること身命の如くし、堅く四禁を持《たも》って愛すること眼目に均《ひと》しくし、教の如く修観し、坎《かん》に臨んで績《せき》有らば、則ち五智の秘璽《ひじ》、踵《くびす》を旋《めぐ》らすに期《ご》しつ可《べ》し。況んや乃ち髻中《けいちゅう》の明珠、誰か亦秘し惜しまん。努力自愛せよ。還《かん》に因《よ》って此《ここ》に一二を示す。　釈の遍照。

（『弘大全』第三輯、五四七頁以下）

〔現代語訳〕

お手紙を賜わり私の心に深い安堵を覚えました。雪も寒く、天台止観の上首であり、法友でもある最澄和上様にはご健勝の様子であられることを推察し、空海、安心いたしました。私と和上とは、交友すること多年にわたります。その交友のさまは、にかわとうるしのごとくに似て、変わることなく、乳と水とが和合するのに似て、その芳《かんば》しいことは、香草のごとしと常に思っております。天台止観の翼をひろげて、人間もすべての存在そのものも空であるという教えの上を高く飛び、禅定と智慧との駿馬に乗って遠く三界の外にまで達し、多宝仏が釈尊に説法の座を半分ゆずって法を弘められたごとく、和上と私との約束の心、その契りを、誰が忘れることがありましょうか。しかしながら、天台の教えは、和上でなければ伝わらず、真言密教は、ただ私が弘めることを誓っているのであります。お互いに法をまもって多忙であり、お話をする機会もございません。堅い約束を思えば、会ってお話をするいとまがなくてもどうして忘れることがありましょうか。早速にお手紙の封を開き、『理趣釈』の借覧をお望みであることを知りました。しかしながら、疑問に思います。理趣の意味するものは多く、和上の求められる理趣は、どのような理趣なのでしょうか。

そもそも、『理趣経』の道理や、『理趣釈経』の文章は、実に広大であって天も覆うことができず、地も載せることができません。全世界の地を墨とし、河海の水をもって磨《す》って書いても、その一句・一偈の意味を完全に尽すことは誰にもかなうものではありません。如来の大地のごとき心の力、菩薩の大空のごとき心によるのでなければ、その教えを信解し受持することはできません。才能にとぼしい私ですが、ここに仏の教えの要旨を述べました。願うところは和上、和上が智慧の心を正しくし、迷いを離れ浄めて、理趣の意義、密教伝来の妙理に耳を傾けていただきたいものです。

そもそも理趣の妙句の示す道理は、無量無辺で不可思議と云うべきであります。その広きをつづめて略し、末端を切りすてて根本に集約すれば、まず三種が考えられましょう。一には聞くことができる理趣、二には見ることができる理趣、三には思うことができる理趣であります。もし、聞くことができる理趣を求めるならば、聞くべきものは自身の語密であります。自身の口中の言説がそれであり、他人の口中に求めるべきではありません。もし、見ることができる理趣を求めるならば、見ることができるものは色であり、自身を構成する四大要素などがそれであり、他人のがわに求めるべきではありません。もし、思うことができる理趣を求めるならば、自身の一念の心中に本来的にあるものであって、他人の心中に求めるべきではありません。

また、次に三種があります。心の理趣、仏の理趣、衆生の理趣であります。もし、心の理趣を求めるならば、自身の心中にあり、他人の身中に求める必要はありません。もし、仏の理趣を求めるならば、自身の心中に覚者があるのであり、諸仏のへんに求め、凡夫のところに求めることはありません。もし、衆生の理趣を求めるならば、自身の心中に無量の衆生があり、それにしたがって求めるべきでありましょう。

また三種があります。文字・観照・実相であります。もし、文字の理趣を求めるならば、それは声の上の屈曲であり、原因と条件によってかりに存在するものであり、紙と墨とが和合して生ずるがごとき文字などは、その二者の結合したところにあるのであり、また筆紙と学者とのへんにももとむべきでありましょう。また観照の世界において求めるならば、見るがわの心と、見られるがわの世界とは、本来的に声もなく形もないのですから、誰が取り、誰が与えることができましょうか。もし、実相の立場から求めるならば、真実の理には名も相もないのであり、名も相もないのであるから虚空と同じであり、そのところには空のみなのでありますから、さらに外《ほか》に求めることはできないでありましょう。

また、いわゆる『理趣釈経』とは、ご自身の三密がそのまま理趣であり、私の三密もまさしく『理趣釈経』であります。ご自身の身・語・意の三密は認めることができなければ、私自身の身・語・意の三密も認められず、ご自身も私も認めることができないならば、どうして、それを求めたり、与えたりすることができましょうか。

また二種があります。あなたの理趣と私の理趣とであります。もし、あなたの理趣を求めるならば、あなた自身のへんにあるのであり、どうして私のへんに求める必要がありましょうか。もしも、私の理趣を求めるならば、二種の我があることになります。一つは五つの構成要素からなるかりの我であり、二つは無我の大我ともいうべきものであります。もし、五つの構成要素からなるかりの我の理趣を求めるならば、すなわちかりの我には実体がなく、実体がなければ何をてがかりとして得ることができましょう。もし、無我の大我ともいうべきものを求めるならば、大日如来の三密がそれであり、大日如来の三密はすべてのところに遍満しているのであり、あなたの三密もまさしくそれであるのでありますから、どうして外に求めることがありましょうか。

また、私はまだ知らないでいます。あなたは衆生を済度する仏なのですか、または凡夫なのでしょうか。もし仏であるならば、仏の智慧は完全であり、欠けていることがないのであるから、さらに求める必要がどこにあるのでありましょう。もし、方便のために求めるというのであれば、シッダールタ太子がバラモンにつかえ、文殊菩薩が釈迦如来につかえたようにすべきでありましょう。もし、凡夫として理趣を求めるならば、まさしく仏の教えに随うべきであり、仏の教えに随うのであるならば、必ず誓いをまもるべきであります。誓いを破るならば、伝える者も受けとる者もともに何の利益もないことになりましょう。

真言密教の教えの興るのも滅するのも、それはただあなたと私とにかかわっています。あなたが非法にして受け、私が非法にして伝えることがあったならば、将来、法を求める人は、何にもとづいて法を求める心を知ることができましょう。非法の伝授は、盗法というべきであります。これは仏をあざむく行為であります。真言密教は、その奥旨を得ることについて文章によることを貴いとは考えていません。ただ心によって心に伝えるのであります。云うならば文章は〃かす〃であります。文章は〃がれき〃であります。〃かす〃

や〃がれき〃を受ければ、純粋なる真実を失うことになります。真実なるものを棄てて偽物を拾うのは、愚かな人の行為であります。実に愚かな人の法に随うべきではなく、求むべきではありません。

また、古《いにしえ》の人は道のために道を求めました。今の人は名誉と利益のために求めています。名誉のために求めるのは、道を求める人の心ではありません。道を求める心とは、自身を忘れてさとりへの道に精進することであります。それは、釈尊は転輪聖王にもなるお方であったのが、出家をして始めに仙人につかえたようなものであります。ただ道を聞き、ただ道を説くことは、ゆるされるべきではありません。時と人とが一致しなければ、わが師たる仏は沈黙されておられます。この理由は、仏法は思議しがたくて、信心あるもののみがよく入ることができるのであり、口では信じ修行するということを唱えても、心にそれを嫌い退けることがあれば、頭があって尾がないようなものであります。言っても実行されなければ、信じ修行するように見えても、信じ修行しているとは云えないのであります。始めをよくし、終りをまっとうする人こそがまことの君子と云うべきでありましょう。世間の人びとは、宝のようなすばらしい女性をきらってそうでない人を愛し、宝石をあざ笑ってただの石を大事にしている。中国の故事にも、偽の龍を好んで真実なるものを失い、牛乳で煮た粥《かゆ》を嫌ってただの石を宝とし、首にこぶのある人は左の手をきる、と云っています。涇水は澄み、渭水は濁っているということを知らなければ、醍醐味を誰が知ることがありましょう。自らの顔の美醜を知ろうと思うならば、鏡をみがくべきであって、鏡をみがくための道具の有無を論じているべきではなかろうと考えます。さとりの世界にいたろうと思うならば、舟に棹をさして進むべきであって、船やいかだの虚実を論ずるべきではなく、ささっている毒矢を抜かずに、誰がどこから射たかなどと問うのはおろかしいことであります。道を聞いても歩みはじめなければ、どうして千里の先を見とどけられましょう。

二粒の丸薬でも病魔をしりぞけることができるし、一さじの仙薬でも仙人となることができます。たとえ十年にわたって『本草』・『大素』という医学書を読誦しても、四大不調の病を除くことはできず、百年間にわたって八万四千の法門について談論しても、むさぼり・いかり・おろかさの三つの毒をいかに調伏しえましょうか。海水をくみほすほどの信心と、鏡の鎚《つち》をみがいて細い針を造るほどの精進の人でなければ、誰がよく、等しく仏となれるすぐれた修行の法を信んじ、思慮のまったく及ばない深い禅定の行を修行することができましょう。やめなさい、やめなさい。とどまりなさい、とどまりなさい。私はいまだそのような人と出会ってはおりません。しかし、その人は遠くにいるのではないのです。あなたが信じ修行すれば、まさしくその人があなたなのであります。もし、信じ修行することがあれば、男女を問わず、その人なのであります。すべての人びとが、その器《うつわ》の持ち主なのであります。その器の持ち主が来って問うならば、鐘の音のように、谷のこだまのように響くのであります。妙薬が箱に満ちあふれていても、それに服さなければ何の効果もあらわさないでありましょう。高価な衣服が衣裳箱に満ちあふれていても、それを身に着けなければ寒いことにかわりはありません。かの阿難尊者は釈尊の説法をもっとも多く聞いたお方でありますが、それだけではどうしようもないのであります。釈尊は精進修行されたからこそさとりを得ることができたのであり、仏教者は時代をつないでみな精進修行されてさとりを得られたのであります。

しかるに、悲しいかな悪世の現在、応現した仏は衆生をすてて涅槃に入られ、その時、仏の教えを聞かず修行もしない慢心の五千人の弟子たちは退座してしまったのです。毒鼓の響きは、あらゆる罪悪を犯した人びとにむけられ、干将《かんしょう》という武人のもつ名剣であっても、その使い方によっては自身を傷つけてしまうように、師から師へといましめられきたことがらを慎んで聞かなければならないのであります。

あなたが、もし仏の戒めを守り、それを護ること自分の身命と同じようにし、堅く仏の戒めを守り、それを持して愛すること自分の眼目と同じようにし、教えのごとくに修行し観念をこらし、法をもとめる志が不動であるのでしたならば、大日如来の五智の秘印もたちまちに期待できるでありましょう。ましては、髻《けい》の中に秘めた珠宝ともいうべき『理趣釈経』を、誰が秘密にし惜しむことがありましょう。つとめてご自愛くださいますようこ。使者の還るのに託して、一・二の私見を述べさせていただきました。　釈の遍照

我々も『理趣経』理解に際して、空海の詳細にして懇切な注意を心すべきであろう。

あとがき

宮坂宥勝先生のお誘いをいただき、『理趣経』の本文解説に関わることができたことは、大変に有難いことであった。

さて、云うまでもなく『理趣経』は、まぎれもなく「般若経」の一つである。よって、その内容を的確に解説することの困難さは、誰もが認めることであろう。特に、真言宗において常用される不空訳の『理趣経』は、共に訳されたとされる『理趣釈』の理解とあわせて、訳者不空三蔵の深い密教観が浸透していると云うことができるであろう。弘法大師空海は、『経』と『釈』とを一具なものとおさえて、「理趣釈経」という特異な呼び名をあたえていることは鋭い見方と云わなければならない。本文解説にあたり、このようなことを注目し、それを基本的な立場とした。

「理趣般若」の各々の命題は、その中心的なものは登場する八大菩薩に託して説かれることになっているが、『釈』を加えれば、それらの命題が一字の真言に、そして曼荼羅によって解されているので、各段に図を掲げ、その実際を示すことにした。その折、「唐本理趣経曼荼羅」を取り上げ、そしてもっとも一般的な補陀洛院版の各図をもあげておいた。「唐本理趣経曼荼羅」は石山寺経蔵に所蔵されているもので、唐暦の咸通五年(八六四)の記があり、理趣経曼荼羅としては最も古いものである。同図は『大正大蔵経』の図像部におさめられているが、ここでは、その順序を訂正してあるので注意してもらいたい。石山寺の蔵書印が捺印される以前に、すでに各図の位置が混乱していたという単純な相違によるものであった。幸いに、本書が版を重ねることになった折に、それに関する一文を挿入するつもりである。

「余緑　理趣経の諸問題」のなかに、伝教大師最澄に与えたとされる「叡山の澄法師、『理趣釈経』を求むるに答する書」をあげたのは、この文が、ややもすると最澄・空海両者の仲違いの書とのみ解され、その内容にまで注意がゆきわたらないことに対する不満のためである。この書は、偉大な宗教者が真剣に問答しあったものであり、書簡を受け取った最澄法師は、空海の真意をまっすぐに了解したはずである。我々も、『理趣経』にむきあった時には、まず、この文を読み、空海の注意に耳を傾ける必要があるのではなかろうか。

ともかく、私の担当した『理趣経』の本文解説は、その本文を不空訳『理趣経』に依った関係上、『理趣釈』の理解の仕方に拘泥した嫌いがある。次の機会には、チベット資料をもあわせた詳細な解釈を試みるつもりである。

不空三蔵は、『理趣経』の全体を、『金剛頂経』によって示された〈金剛界三十七尊曼荼羅〉の世界に重ね合わせた。空海もそれを踏襲している。このことは、『理趣経』自体の主張でないにしても、不空三蔵の達意的な『理趣経』理解のそれであったろう。『金剛頂経』には、その最初に、〃真実(tattva)とは何か〃という質問が放たれている。実に金剛界曼荼羅とは、その答えなのである。〃真実とは何か〃とは仏教が一貫して追求してきたものである。いや、仏教のみならず、人類の歴史は、その真実の追求の歴史であったと云うことができよう。その真実というものの一つの小さな答えとしての「金剛界曼荼羅」に、『理趣経』の世界をイコールで結んだのであった。それが、まぎれもない『理趣釈』の意図するところであったと云えよう。

福田亮成

索　引

ア　行

愛　88
愛縛　88
悪趣　49, 124
阿字の（五義・）五転　127, 128
阿字の法体　128
阿閦如来の大円鏡智　24
あなたの現趣　282
アーナンダガルバ　18
意滋沢　88
石山寺経蔵　78
意生金剛菩薩　94
泉芳璟　247
一時　62
一切業平等　174
一切三界主如来　149
一切自在主　88
一切衆生悉有仏性　203
一切智智　162
一切如来灌頂智蔵　27
一切如来種種供養蔵広大儀式如来　180
一切如来入大輪如来　173
一切の身口意金剛性の悉地　162
一切秘密法性無戯論如来　229
一切平等建立如来　36, 195
一切法　223
一切法自性平等の心　126
一切法平等　174
一切無戯論如来　165
一性　222
印契　158
印平等　64
有頂天　49
吽字　113
吽字義　114
叡山の澄法師，『理趣釈経』を求むるに答する書　274
慧門十六尊　110
円仁　19
思うことができる理趣　280

カ　行

害　136
蓋障　105
各具の法門　44
加持　64, 202
羯磨蔵　203
羯磨曼荼羅　103
羯磨部の大曼荼羅　196
加藤精一　67
カマラグプタ　18
観自在王如来の異名　141
観自在菩薩　26, 146
観自在菩薩の曼荼羅　27
観照　281
灌頂　150
灌頂施　150
灌頂智蔵　150
灌頂の宝冠　64
基　260
聞くことができる理趣　280
吉祥金剛薩埵速成法〝大楽の神変希有出現〟という書　253
吉祥金剛場荘厳と称する大儀軌王　253, 270
吉祥金剛場荘厳の大タントラ註

259
吉祥最勝　258
吉祥最勝本初広釈　259
吉祥最勝〔本初所説〕の金剛薩埵曼荼羅の儀軌〃大三昧耶の真如金剛出現〃という書　262
吉祥最勝本初〔所説〕の摂部類の曼荼羅儀軌たる〃不空三昧曼荼羅出現〃という書　261
吉祥最勝本初と称する大乗の儀軌王　268
吉祥最勝〔本初〕の金剛薩埵により、末期に到れるものらを救済する儀軌　263
吉祥最勝本初の金剛薩埵による息災護摩の事業を成就する儀軌〃善にして息災ならしむ〃という書　263
吉祥最勝〔本初〕の十二妃と金剛頂の四秘密妃との供養舞楽　262
吉祥最勝本初の摂部類〔曼荼羅〕における金剛成就法　261
吉祥最勝〔本初〕の摂部類〔曼荼羅の諸神〕の礼讃　261
吉祥最勝本初の真言儀軌品　268
吉祥最勝〔本初〕の度量法　262
吉祥最勝〔本初〕の曼荼羅の〔諸〕尊の吉祥偈〃法と吉祥を増上する〃という書　264
吉祥最勝本初略釈　259
吉祥最勝本初と称する大乗の儀軌王　253
吉祥最勝本初の真言儀軌品　253
吉祥なる金剛場荘厳大マントラ難語註　17
吉祥なる金剛道場荘厳と名づける大タントラ王　16
吉祥なる最勝本初真実儀軌分と名づける〔経〕　16
吉祥なる最勝本初と名づける大乗儀軌王　16
吉祥なる最上本初注　18
吉祥なる最上本初注解　18
吉祥最勝本初曼荼羅儀軌　260
義平等　174
客塵諸垢　146
救済供養　181
行願　235
教主大日如来　268, 272
経典の説処　71
経典の読誦　227
義利施　150
金泥曼荼羅　226
空海　38, 63, 66, 273
空観　166
空観の中味　114
空・無相・無願　166
句義　87
供養　33
髻離吉羅金剛菩薩　94
外院二十天　206
華厳経の十地品　69
外供養　135
外金剛部　40, 206, 207, 209
華厳の十地経　111
解脱智慧　92
月称の中観註　251
見　88
玄慶三蔵　78
玄奘　14
間錯　69
語印　157
降三世(の)印　137, 139

降三世の曼荼羅 26
降三世明王 26, 138
降伏立相 138
広本化 269, 272
広本化の過程 270
(広本の)理趣経 253, 255
光明 88, 166
古義学派 84
虚空庫(大)菩薩(の異称) 33, 180, 184
虚空庫菩薩の曼荼羅 34
虚空蔵菩薩 27
虚空蔵菩薩の三摩地行 151
虚空蔵菩薩の曼荼羅 28
剋証 124
心の理趣 281
五種三摩地 231
五種の解脱輪 203, 207
五種秘密の三摩地 231
五成就 47, 82
五字輪の三摩地 30
コータン語 13
五智 67
五智の徳 66
五智の瓶水 150
業障 105
五秘密 45, 238
五秘密尊 46, 231
五部具会の曼荼羅 45
五部の曼荼羅 223
五部曼荼羅の功徳 50
五欲 69
金剛吽迦羅(心) 26, 138
金剛雲菩薩 95
金剛界三十七尊曼荼羅 66, 111
金剛界曼荼羅 89
金剛拳 163
金剛拳印 157
金剛拳大三摩耶印 163
金剛拳の般若理趣 164
金剛拳の曼荼羅 158
金剛見菩薩 95
金剛拳菩薩(の異称) 29, 157
金剛拳菩薩の儀軌 164
金剛拳菩薩の三摩地 158
金剛香菩薩 96
金剛薩埵(の異名〔別名〕) 23, 61, 113
金剛薩埵の位相 45
金剛薩埵の教え 21
金剛薩埵の大楽大貪欲の三摩地 69
金剛三昧耶心 178
金剛色菩薩 96
金剛自在菩薩 95
金剛手 23
金剛手菩薩 74
金剛秋菩薩 96
金剛春菩薩 95
金剛場荘厳般若波羅蜜多教中一分 16
金剛声菩薩 96
金剛蔵 202, 203
金剛霜雪菩薩 96
金剛智 14, 58
金剛頂経開題 73
金剛頂経系の密教経典 19
金剛頂経十八会 72
金剛頂経十八会指帰 71
金剛頂瑜伽三十七尊出生義 119
金剛頂瑜伽中発阿耨多羅三藐三菩提心論 109
金剛薩瑜伽理趣般若経 14, 254, 267

金剛薩瑜伽略述三十七尊心要 119
金剛適悦菩薩 95
金剛貪菩薩 95
金剛平等 174
金剛部の大曼荼羅 196
金剛宝 151
金剛宝鬘 154
金剛慢の印 112
金剛慢菩薩 94
金剛味菩薩 97
金剛薬叉 191
金剛薬叉の三摩地 139, 158, 192
金剛薬叉の曼荼羅 188
金剛薬叉菩薩（の別称） 158, 191
金剛輪 32, 178
金剛輪菩薩の三摩地 177

サ　行

摧一切魔（大）菩薩（の異称） 35, 187, 191
摧一切魔菩薩の曼荼羅 36
最上根大楽金剛不空三昧大教王経 255, 268
摧大力魔 235
最澄和上 279
サキャパンディット 17
定方晟 71
サプタマートリカー 208
三界 64
三界自在主 235
三界説 70
三界の輪廻の因 136
三兄弟の曼荼羅 42
三解脱門 166, 171
三々昧 166
三十七尊 110
三神一体 41
三身の義 185
三世の煩悩 131
讃歎分 244
三毒 142
三毒の調伏 136
三毒の煩悩 142
三秘密金剛の律儀 137
纔発心転法輪如来の異称 173
纔発心転法輪（大）菩薩 32, 178
纔発心転法輪菩薩の曼荼羅 32
三摩地 105
三摩耶 61
三昧耶形 93
三麽耶智 64
三昧耶曼荼羅 103
三密 24
四印 132
シヴァ神妃ガウリー 43
色・声・香・味 88
持金剛 243
持金剛の勝薩埵 112
自在天の曼荼羅 39
四姉妹（女天） 43, 217, 218
四姉妹女天の曼荼羅 44
四種印法 156
四種供養 180, 181
四種供養菩薩の三摩地 181
四種解脱法 165
四種解脱門 166
四種性 196
四種施法 149
四種蔵性 39
四出生（の）法 115, 124, 125, 195
四種の円寂 127
四種の覚悟 171
四種の識 171

四種涅槃　29, 164
四種の平等　117
四種(の)布施　27, 151
四種(の)不染　21, 142
四種の文殊師利の般若波羅蜜の剣　171
四種の理趣行門　155
四種平等　24
四種平等性　31
四種忿怒　187
四種忿怒明王　35
四種曼荼羅　103
四種曼荼羅輪　174
四種輪法　173
自性清浄の法性を得たまえる如来　142
四清浄法　140
資生施　150
四大供養行　33
四大転輪王菩薩　127
四智　24
四智の菩提　171
七母神の印章　40
七母(女)天　40, 208, 209
実相　281
実相般若経答釈　136, 264
実相般若波羅蜜経　14, 254, 267
四如来智　119
四波羅蜜　218
四波羅蜜部中大曼荼羅章　222
四波羅蜜菩薩の内証　128
四部四波羅蜜　44
四部曼荼羅　37, 196
四明妃　23, 46
四無戯論の法　129
釈迦牟尼如来　25, 129, 130
寂静法性　115
宗叡　19
シュヴェーターシュヴァタラ・ウパニシャッド　34
執金剛　105
十地　111
十七(の)清浄句　23, 89, 103, 114, 230
十七清浄句の世界　97
十七清浄三摩地智　97
十七清浄句法　86
十七尊　92
十七尊の内証　102
十七尊曼荼羅　19
十七尊義述　15, 19, 257
十七大菩薩の三摩地の句義　92
十七菩薩の種子　98
修多羅　243
十六位の修行過程　109
十六(大)菩薩生　23, 105, 108
修行(の)曼荼羅　126, 238
修生の大日　116
衆生の利　234
衆生の理趣　281
衆生本具の曼荼(羅)　38
十(種の)法行　33, 108, 146, 181
珠鬘　69
ジュニャーナミトラ　18
須弥の頂の三十三天　73
シュラッダーカラヴァルマン　16
証果　146
荘厳　88
称讃流通分　50
成就法　102
清浄　87
清浄句　89
勝初瑜伽経　269
聖般若波羅蜜多理趣百五十偈

252, 268
聖般若波羅蜜多理趣百五十偈註　257
聖般若波羅蜜多百五十偈註釈　268, 270
聖般若波羅蜜多経理趣分述讃　260
初会金剛頂経　111
諸母天の曼荼羅　41
所聞の法　62
字輪の世界　31
心印　157
身印　157
新義学派　84
真空妙有　20
真実経文句　21, 62, 66, 82, 264
深秘釈　111
身楽　88
スガタシュリー　17
生善　107
聖なる般若波羅蜜多理趣百五十　17
聖なる般若波羅蜜多理趣百五十注解　18
世間の那羅(男)那哩(女)の娯楽　91
施護　15
説会(能説)の曼荼羅　70, 78
浅略釈　111
繒幡　69
触　88
即身成仏義　64, 103
俗諦曼荼羅　38
蘇囉多　91

タ　行

大安楽の境地　45
大円鏡智　118
大我の世界　27
大興善寺　58
大自在天　26, 213
大自在天の四眷属　217
第四禅色究竟天　73
大乗経典の儀軌化　102
大乗現証三麼耶　112
大精進　235
大静慮　235
胎蔵界曼荼羅上の文殊院　217
第七無漏の末那　118
大日経開題　63
大日経疏(巻)第一　65, 87, 107
大日経疏巻第三　58
大日経疏巻十　128
大日経疏(巻)第十四　36, 138
大日経疏第十七　91
大日如来　38
大日如来と金剛薩埵　20
大日如来の現等覚　118
大日如来の曼荼羅　25
第八浄阿頼耶識　118
大般若経六百巻中の第五七八巻　71
大般若波羅蜜多理趣分　14
大悲　235
大毘盧遮那如来　65
大忿怒の真言　36
大菩提　235
大摩尼殿　68
大曼荼羅　103
大欲　235
大楽　21, 235
大楽金剛薩埵の曼荼羅　37
大楽金剛不空真実三麼耶(経)　21, 270

大楽金剛不空真実三昧耶経般若
波羅蜜多理趣釈　15, 257
大楽金剛不空真実三麼耶経般若
波羅蜜多理趣品　14, 255, 267
大楽金剛不空三麼耶という金剛
法性　46
大楽の教え　23
大楽の法門　22
大楽不空　61
大楽不空三昧真実金剛菩薩　93
大楽不空初集会品　22
大楽不空真実修行瑜伽儀軌　102
大輪　32, 174
他化自在天王宮　69
立川流　23
陀羅尼集経第一　43
智拳(印)　126, 187
智度　48, 234
智波羅蜜　234
智法身　116
チャクラ　30
チャンドラキールティ　252
智友　268, 270
都牟盧天　43, 218
適悦　88
伝教大師最澄　273
転字輪　165
天台止観　279
同一蓮草同一円光　226
東大寺の円蔵法師　136
唐本理趣経曼荼羅　78
栂尾祥雲　247
得一切如来智印如来　157
得自性清浄法性如来　141
読誦経典　227
読誦する功徳　49
読誦の功徳　227

ナ　行

内供養　135
那須政隆博士　117
七巻理趣経　15, 255
那羅(囉)延(天)　213, 214
如来蔵　39, 202, 203
如来蔵経典　39
人法二無我の涅槃点　36
能調持智拳如来　187

ハ　行

薄伽梵　64, 112
八供養　209
八十倶胝　74
八大菩薩　22, 74, 130
ハツェンポ　16
八種清浄　142
鉢曇　87
八輻輪　177
八輻輪曼荼羅　178
発菩提心供養　180
パドマーカラヴァルマン　18
ハリバドラ　252
般若　181
般若経供養　181
般若経典の密教的展開　20
般若波羅蜜多　223, 226, 235
般若波羅蜜多理趣経大楽不空三
昧真実金剛薩埵等一十七聖大
曼荼羅義述　15, 257
般若波羅蜜多理趣品　270
般若理趣分　254, 267
半満月　69
悲愍金剛菩薩　94
百五十頌の船若波羅蜜多　13
百字の偈　47

平等性　195
平等摂持　61
平等性智　118
毘盧遮那真言心　128
毘盧遮那如来(の異名)　50, 115, 229
不空(三蔵)　14, 58, 268
不空成就如来の成所作智　25
福田亮成　19
普賢菩薩　93, 203
普集の曼荼羅　44
不趣涅槃　234
補陀洛院版　81
仏説金剛場荘厳般若波羅蜜多教中一分　254, 269
仏説最上根本大楽金剛不空三昧大教王経　15
仏説遍照般若波羅蜜経　15
仏の理趣　281
仏・菩薩の行　226
プトン　260
プラジャーンティミトラ　17
忿怒眼　139
忿怒降伏　26
忿怒降伏の意味　139
忿怒の金剛性　188
忿怒の調伏　187
忿怒の平等　187
忿怒の法性　187
弁顕密二教論　273
遍照般若波羅蜜経　255
法障　105
宝性如来の平等性智　25
宝性如来の変現　27
報身仏　116
法施　150
宝部の曼荼羅　196
方便　48
法曼荼羅　103
菩薩勝慧者　234
菩薩の誓願　234
菩提心論　128
菩提道場　105, 124
菩提流支　14
法賢　15
法身大日如来の成立　67
法身仏　273
法身・報身・応身の三身　33
本有の大日　116
本性清浄　146
本染　234
梵蔵漢対照般若理趣経　247, 248
梵蔵漢対照理趣経索引　256
梵天　213
梵王　214
煩悩障　105

マ　行

摩訶衍　243
摩訶迦羅天の眷属　209
魔醯首羅(天)　43, 214
魔醯首羅の曼荼羅　203
末度迦羅天三兄弟　213
麼度羯囉三兄弟　214
摩尼宝珠　34
慢　88
曼荼羅　218
曼荼羅化　272
曼荼羅修法儀軌　260
マントラカラシャ　16
密教化　268
妙観察智　118
妙適　87
妙典供養　181

妙法蔵 203
未来仏 192
見ることができる理趣 280
無戯論性 130, 136
無戯論如来 31
無余涅槃 234
無量寿如来 141
無量寿如来の妙観察智 25
無量無辺究竟如来 44, 222
滅罪 107
滅罪と生善 104
モヘンジョダロ 40
文字 281
聞持の人 62
文殊師利童真 170
文殊師利の利剣 166
文殊師利菩薩 30, 170
文殊師利菩薩の曼荼羅 31
文殊の眷属 217

ヤ 行

山田龍城 13
瑜伽 64
瓔珞 69
欲界の他化自在天宮 68
欲・瞋・癡 130
欲箭 88

ラ 行

理趣 58, 280
理趣経開題 60, 84, 264
理趣経の研究 249
理趣経の梵語原典 247
理趣経の梵本 13
理趣広経 259, 269
「理趣般若」の密教化 271
理趣経曼荼羅 19
理趣釈 15, 257
理法身 116
リンチェンサンポ 16
リンチェントゥプ 17
流通分 244
鈴鐸 69
蓮華面 137
蓮華部の大曼荼羅 196
ロイマン 13, 247
六波羅蜜行 226
ロートゥテンパ 17

ワ 行

私の理趣 282
渡辺海旭 13
渡辺照宏(博士) 13, 64, 76

著者略歴

宮坂宥勝　みやさか　ゆうしょう

大正10年５月20日　長野県に生まれる。
昭和23年３月　東北大学文学部印度哲学科卒業。
昭和29年３月　同大学院修了。
　名古屋大学名誉教授（インド哲学史），智山伝法学院院長，成田山勧学院教授。
平成24年11月　逝去。
〔著　書〕『仏教の起源』（山喜房仏書林），『インド古典論』上・下（筑摩書房）『仮名法語集』（岩波書店），『密教世界の構造』（筑摩書房）ほか。

福田亮成　ふくだ　りょうせい

昭和12年３月10日　東京都に生まれる。
昭和35年３月　東洋大学文学部仏教科卒業。
　大正大学名誉教授，川崎大師教学研究所所長。
〔著　書〕『理趣経の研究――その成立と展開――』（国書刊行会），『弘法大師の教えと生涯』（ノンブル社），『般若心経秘鍵――弘法大師に聞く①』（ノンブル社），『真言宗小事典』（法蔵館）ほか。

一九九〇年　八　月三〇日　初版発行
二〇〇三年一二月二〇日　新装初版

《仏典講座16》
理趣経

検印廃止

著者　宮坂宥勝
　　　福田亮成
発行者　石原大道
印刷所　富士リプロ株式会社
発行所　大蔵出版株式会社
〒150-0022　東京都渋谷区恵比寿南二-十六-六　サンレミナス二〇二
TEL〇三(六四一九)七〇七三
FAX〇三(五七二四)三五〇三
http://www.daizoshuppan.jp/

ISBN 978-4-8043-5448-4 C3315

仏典講座

遊行経〈上〉〈下〉　中村　元
律　蔵　佐藤密雄
金剛般若経　梶芳光運
法華経〈上〉〈下〉　田村芳朗・藤井教公
維摩経　紀野一義
金光明経　壬生台舜
梵網経　石田瑞麿
理趣経　宮坂宥勝・福田亮成
楞伽経　高崎直道
倶舎論　桜部　建
唯識三十頌　結城令聞
大乗起信論　平川　彰

浄土論註　早島鏡正・大谷光真
摩訶止観　新田雅章
法華玄義　多田孝正
三論玄義　三枝充悳
華厳五教章　鎌田茂雄
碧巌集　平田高士
臨済録　柳田聖山
一乗要決　大久保良順
観心本尊抄　浅井円道
八宗綱要〈上〉〈下〉　平川　彰
観心覚夢鈔　太田久紀